Joachim Pfeil

Vorschläge zur praktischen Kolonisation in Ost-Afrika

Joachim Pfeil

Vorschläge zur praktischen Kolonisation in Ost-Afrika

ISBN/EAN: 9783743386433

Hergestellt in Europa, USA, Kanada, Australien, Japan

Cover: Foto ©ninafisch / pixelio.de

Manufactured and distributed by brebook publishing software (www.brebook.com)

Joachim Pfeil

Vorschläge zur praktischen Kolonisation in Ost-Afrika

Vorschläge

zur

praktischen Kolonisation

in

Ost-Afrika

von

Joachim Graf Pfeil.

Zweite Auflage.

Berlin W.
Verlag von Rosenbaum & Hart.
1890.

Vorwort.

Nachstehende Zeilen enthalten eine Anzahl Notizen, welche ich während mehrerer Reisen in Ost-Afrika niederschrieb, weniger mit der Absicht sie der Oeffentlichkeit zu übergeben, als um mir selbst vollkommen klar zu werden über die Mittel, mit welchen wir das durch unsere kolonisatorische Thätigkeit erstrebte Ziel der Nutzbarmachung der für uns erworbenen Gebiete zu erreichen vermöchten. Der Umstand, daß ich mit vielen kriegerischen Stämmen z. B. den Mahenge in Berührung kam und von diesen fortwährend aufgefordert wurde, ihnen zu helfen, andere Stämme zu bestrafen, wofür sie sich erboten, mir nach Unterwerfung derselben eine Anzahl Sclaven zu geben, um in ihrem Lande einen permanenten Wohnsitz einzurichten und sie zum mächtigsten Volk des Landes zu machen, rief in mir selbst die Idee wach, aus ihnen eine Executivmacht zu bilden zur Bestrafung von Trägern, deren Desertionen und ganzes Betragen uns in den Anfängen unserer Unternehmungen fast zur Verzweiflung brachte. Später dehnte sich die Idee aus und erhielt die Gestalt, unter welcher ich sie hier mittheile. Abgesehen von allen übrigen Schwierigkeiten, mit welchen wir zu kämpfen haben werden, sind diejenigen, welche aus dem Mangel einer Executivgewalt entstehen werden, sehr

bedeutende. Eine solche ständig zu unterhalten, dürfte die
Rentabilität des Unternehmens in Frage stellen, abgesehen
davon, daß an die Gestaltung einer aus Europäern bestehenden
Executivgewalt nicht zu denken ist. Ganz ohne eine solche
aber dürfte die Entwickelung der sonst nur auf den guten
Willen des einzelnen Negers gestellten Kolonie allzu langsam
von statten gehen. Bei der Erwähnung einer kleinen Truppe
von Söldnern hatte ich zunächst 200 Belutschen oder
Patiallah Sikh's im Auge. Letztere anwerben zu können,
erhielt ich ganz durch Zufall Aussicht. Durch den Einfluß,
welchen ich unter den Mahenge erlangt hatte, wäre es
mir ohne Zweifel gelungen, sie so zu beeinflussen, daß
ich nach einiger Zeit diese hätte an Stelle der anderen treten
lassen können. Eine Executivgewalt aus den Kindern des
Landes wäre aber unter allen Umständen vorhanden gewesen,
und hätte uns in jeder Hinsicht zu Herren von Land und
Leuten gemacht. Daß diese Verwendung kriegerischer Stämme
durchaus massenhaftes Blutvergießen veranlassen mußte, bin
ich nicht in der Lage einzusehen, keinesfalls mehr Blut=
vergießen, als durch Bombardements seitens Kriegsschiffen
angerichtet wird. Bei der großen Zuneigung und Werth=
schätzung ihrer guten Seiten, die ich während 14jährigen Um=
ganges mit Schwarzen für diese gewonnen habe, da ich
außerdem in dem Neger den größten Reichthum Afrikas er=
blicke, bin ich selbstredend der Letzte, solche grausame Maß=
regeln anzurathen, ganz besonders nicht, weil ich sie für
gänzlich überflüssig halte. Ich halte den Neger weder für
absolut widerspenstig, noch für absolut faul. Es giebt sogar
sehr thätige Naturen unter ihnen. Auf der anderen Seite
habe ich deutsche Kolonisation zu meinem Lebensberuf ge=
wählt, ein Unternehmen, welches materielle Vortheile für

mein Vaterland zu erringen strebt. Diese sind in Ost=Afrika nur durch die Arbeit des Negers zu erreichen, daher stehe ich keinen Augenblick an zu sagen, man zwinge den Neger das zu thun, was uns nützt, ohne ihm zu schaden, was im Gegentheil das Mittel birgt, das zu erreichen, was auf andere Weise von Philanthropen aller Jahrhunderte angestrebt wurde: die Civilisation wilder Völkerracen. Ich wage allerdings auszusprechen, daß dieses erst in zweiter Reihe das Ziel meines Strebens ist.

Mit der Form, in welcher ich nachstehende Ideen dem Leserkreise übergebe, bin ich selbst wenig zufrieden. Allein ich bitte meine Leser zu bedenken, daß ich während vier Jahren nur monatweise meinen Aufenthalt in Deutschland habe nehmen können, daß außerdem diese Monate meist darauf verwandt wurden, meine durch häufigen Aufenthalt in Fiebergegenden geschwächte Gesundheit herzustellen und Vorbereitungen für meine Reisen zu treffen, daß ich also wenig Zeit besaß, meine Ideen in ein gefälliges Gewand zu kleiden. Diese selbst in Ost=Afrika zur Ausführung zu bringen, ist mir nicht beschieden gewesen, doch liegt darin zum Theil vielleicht der Grund, daß ich sie, nun meine Thätigkeit in Afrika abgeschlossen ist, gleichsam als Vermächtniß der Oeffentlichkeit übergebe. Die Zusammenstellung geschah bei immer noch schwacher Gesundheit, während meiner See=Reise nach Neu=Guinea, was ich den Leser ebenfalls bei der Kritik der Form meiner Schrift zu berücksichtigen bitte. In Neu=Guinea aber würde ich demnächst bei der meiner harrenden Thätigkeit die Muße zu einer Umarbeitung des Vorstehenden kaum finden. Deshalb glaubte ich, mit der Veröffentlichung nicht mehr zurückhalten zu sollen.

Ich weiß, daß man mir zum Vorwurfe macht, daß ich

in die von mir vorgezeichnete Thätigkeit die Mission nicht besonders mit einbegreife, und daraus schnell den Schluß gezogen hat, als ob ich ihr überhaupt feindlich und abweisend gegenüberstände.

Hierzu will ich bemerken, daß die von mir vorgesehene Thätigkeit allerdings diejenige des Missionars nicht ist. Sodann aber besteht über die Nothwendigkeit derjenigen der Christenmission gar kein Zweifel. Nur bin ich der Ansicht, daß auch sie, wenn sie die praktische Arbeit im höheren Grade als Hilfsmittel anwenden wollte, schneller zu sicheren Resultaten gelangen wird, ein Gedanke, welcher, wie ich mir wol bewußt bin, innerhalb der Mission selbst, seitens ihrer berufensten und fähigsten Vertreter, längst eingehende Würdigung gefunden hat.

Der Christenmission an sich aber, um auch dies noch ausdrücklich zu betonen, stehe ich so wenig feindlich gegenüber, daß ich mit Herzlichkeit und wahrer Freude jeden Missionar „draußen" begrüßen und bewillkommen will, welcher bereit ist, in harter Arbeit am großen gemeinsamen Werke mitzuhelfen.

Ich bin weit davon entfernt für meine Ideen Unfehlbarkeit in Anspruch zu nehmen und werde aufrichtigen Beifall dem spenden, welcher eine einfachere und doch zweckentsprechende Methode zur Erreichung unseres Zieles angiebt.

Anderseits darf ich sagen, ist, was ich geschrieben habe, das Resultat eines sorgfältigen und ehrlichen Nachdenkens, welches sich auf die Erfahrungen von vierzehn in Afrika verlebten und durch harte Arbeit ausgefüllten Jahren stützt.

Torres=Straße, S. S. Dacca, 5. Dezember 1887.

Der Verfasser.

Capitel I.

Verkehrswege. — Wahl des Gebietes, Aufgabe des Geographen. — Drei Theile. — Einfluß physikalischer Beschaffenheit und Klimatologie des Landes auf Kolonisation. — Handel im Somalilande. — Verwendung von Somalis. — Englischer Einfluß. — Gallas. — Kilimandjarogebiet. — Ungünstige Gliederung. — Schiffbarkeit des Wami und Pangani. — Höhenlage und Klima. — Physikalische Beschaffenheit. — Makata-Ebene. — Wami als Operationsbasis. — Kingani. — Rufidji. — Simba Ulanga. — Kähne. — Boote. — Versandung des Rufidji. — Wattlingsystem. — Kultivation am Rufidji. — Ochsenkarren. — Entwickelung vom Osten nach Westen. — Ulanga. — Kommunication. — Negertransport. — Nyassa. — Ziele unserer Unternehmungen. — Art der Kolonisation. — Handelskolonisation. — Raubbau. — Alcohol. — Besiedlungskolonisation. — Betriebskolonisation. — Baumwolle und Tabak. — Arbeiter. — Einfluß der Betriebskolonisation auf Eingeborene. — Staatliche Maaßnahmen. — Regieren. — Unvereinbarkeit staatlicher Maaßnahmen und technischer Arbeiten. — Verstaatlichung der Kolonie. — Kommercielle Basis. — Erziehung des Negers. — Grundsatz für Kolonisation. — Localadministrative. — Materielle Unabhängigkeit, wirthschaftliche Abhängigkeit.

Nachdem Ost=Afrika unter deutsche Botmäßigkeit gebracht ist, wirft sich die Frage auf nach der zweckmäßigsten Art und Weise, das Land praktisch zu verwerthen mit Hinsicht darauf, daß dessen Besitz nicht allein unserer Nation Pflichten auferlege, sondern ihr auch materielle Vortheile eintrage. Seien nun unsere Absichten bezüglich unserer zukünftigen Kolonisationsmethode welche sie wollen, bestehe diese in Einrichtung von Handelsfactoreien oder Plantagen, immer werden wir am zweckmäßigsten da beginnen müssen zu kolonisiren, wo die physikalische Beschaffenheit des Landes uns gewisse Vorbedingungen bietet, welche, namentlich in Ost=Afrika, dessen geringe Küstengliederung den Weltverkehr schwer zugänglich macht, unerläßlich sind.

Handel sowol als Betrieb bedarf der Verkehrswege. Diese existiren in Afrika nicht. Man darf auch die sogenannten Karavanenstraßen nicht als solche ansehen, denn diese sind nur Fußpfade durch Busch und Sumpf, welche durchaus nicht constant bleiben, sondern je nach Bedürfniß oder Belieben verlegt werden. Plantagenwirthschaft bedarf der entsprechenden Bodenbeschaffenheit und ebenfalls der Verkehrswege. Solche künstlich herzustellen ist noch nicht an der Zeit, wir werden daher vor der Hand auf das angewiesen sein, was die Natur in dieser Hinsicht uns bietet.

Schließlich ist selbstredend die klimatische Beschaffenheit ein wesentlicher Factor, denn von ihr hängt zum großen Theil das Gedeihen unserer Plantagen ab, weil sie in erster Linie für das Wohlbefinden der Menschen bestimmend ist.

Es wird zunächst Aufgabe des Geographen sein, das Gebiet zu wählen, welches uns seiner geographischen Lage als physikalischen Beschaffenheit nach, die günstigsten Aussichten bezüglich unseres Kolonisationsplanes bietet.

Der Forscher, wenn er nicht sehr viele Jahre thätig gewesen ist, kann nur über sein specielles Forschungsgebiet Aufschluß geben; der Geograph, welchem das von allen Forschern gesammelte Material zu Gebote steht, kann richtiger ein Bild des gesammten Landes entwerfen und diejenigen Theile bezeichnen, an welchen die Thätigkeit des Kolonisators einzusetzen hat.

Betrachten wir nun die deutschen Gebiete Ost=Afrika's mit dem Auge des Geographen, und ziehen wir, wie dieser, alles zu Rathe was uns von ausgezeichneten Reisenden über jene Länder gesagt ist, so zerfallen dieselben in drei in sich abgerundete Theile, welche sich sowol durch ihre physikalische Beschaffenheit als klimatologisch, schließlich auch ethnologisch von einander unterscheiden. Es sind dies ein nördlicher, ein centraler und ein südlicher. Der erste schließt unsere ganzen Somali-Besitzungen in sich und erstreckt sich in südlicher Richtung bis zum Tana-Fluß. Der zweite wird im Norden von diesem Fluß, im Süden vom Wami begrenzt. In ihn fällt die sogenannte englische Interessensphäre, welche uns indessen nur in politischer Hinsicht verschlossen ist, wogegen der mit England abgeschlossene Vertrag uns nicht hindert, hier kaufmännisch oder als Agrikulturisten thätig zu sein. Ferner schließt dieser Theil das kühle Kilimandjaro-Gebiet in sich, dessen Höhenlage und Salubrität es besonders besitzenswerth machen. Der dritte Theil endlich reicht vom Wami bis zum Rovuma, welcher Fluß auch unsere Grenze mit den Portugiesen bildet. In wie weit die Physiologie eines Landes, dessen Klimatologie und Ethnologie seine Verwerthung behufs Kolonisation beeinflußt, springt bei der Einzelbetrachtung jeder dieser Theile besonders in's Auge. Der nördliche Theil, obwol vortheilhaft gegliedert und wol nicht umsonst von den Arabern „Benadir" d. i. Hafenküste, genannt, ist für Agrikultur deßhalb ungünstig, weil er, soweit wir ihn kennen, hauptsächlich nur dürres, spärliches Weideland zu sein scheint. Ein weiteres Eindringen in das Land ist bis jetzt an dem Charakter der Eingeborenen gescheitert, so daß selbst für den Handel vor der Hand nur die Küste zugänglich ist. Kolonisatorisches Vorgehen in diesem nördlichsten Theile würde sich also hauptsächlich auf Handelsunternehmungen zu beschränken haben, welche allerdings wiederum durch die in hygienischer Hinsicht vorzügliche klimatische Beschaffenheit des Landes begünstigt werden, in ihrem vollem Umfang aber sich erst dann werden entfalten können, wenn die beiden großen

Wasseradern des Landes, der Jub und Webbi, werden zugänglich gemacht worden sein. Was auch über das Vorhandensein oder Fehlen von Handelsproducten in den Somaligebieten bisher gesprochen und geschrieben worden ist, so scheinen jedenfalls die Ansichten auseinander zu gehen. Ohne mich den Optimisten anzuschließen, welche dem Somalilande ungeahnte Reichthümer zuschreiben, kann ich ebenso wenig den Pessimisten beistimmen, welche Somaliland nur als nutzlose Wüste bezeichnen. Der Augenschein lehrt, daß von Aden aus ein immerhin beträchtlich zu nennender Handel mit Somaliland betrieben wird. Die englische Besatzung jenes Ortes ist fast ausschließlich auf das vom Somalilande importirte Vieh für ihren Fleischconsum angewiesen, auch Felle, Elfenbein, Straußenfedern und Orseille sind noch in lohnender Menge vorhanden. Wenn nun auch zur Zeit dieser Handel hauptsächlich nur mit der Nordküste des Somalilandes betrieben wird, so ist jedenfalls der Schluß gerechtfertigt, daß dieselben oder ähnliche Handelsartikel an seiner Ostküste vorkommen. Es wird sich nur darum handeln, die Einwohner dieser Gegend so zu beeinflussen, daß sie dem allmäligen Vordringen der Europäer keine der bisherigen gefährlichen Hindernisse mehr in den Weg legen. Ist in dieser Richtung erst mit Erfolg gearbeitet worden, so unterliegt es wohl kaum einem Zweifel, daß eine Wasserader wie der „Jub" eine mächtige Hochstraße werden muß, an welcher nach und nach der ganze Verkehr sich hinziehen würde, statt sich wie jetzt auf viele kleine Plätze, wie „Brava", „Magdixu" ꝛc. zu vertheilen.

Ein anderer Punkt, welcher wol unserer Beachtung werth sein dürfte, ist die Mündung des „Wadi Nogal." Nach Aussage vieler Eingeborener sollen die Somali's dieser Gegend den Europäern nicht unfreundlich gesinnt sein und deren Ansiedelung wünschen. Es wäre wol der Mühe werth, hier wenigstens versuchsweise eine, wenn auch anfänglich nur kleine Factorei anzulegen. In welcher Weise sich eine solche entwickelt, bedarf keiner Erörterung, politisch möchte dieser Ort deßwegen von Bedeutung sein, weil Konflikte mit Deutschen hier noch nicht stattgefunden haben und es deßhalb wol nicht aussichtslos erscheint, Verbindungen anzuknüpfen, durch welche man Einfluß im Lande gewinnen könnte. In wie weit eventuell das Somaliland später zur Besiedlung, sei es für Viehzüchter oder Pflanzer sich eignen wird, wäre Vermessenheit jetzt schon vorhersagen zu wollen, beschränkt sich doch unsere ganze Kenntniß desselben auf wenige Küstenpunkte im Osten und nur ganz geringe Strecken im Norden, welche noch dazu unter englischem Einfluß stehen, die Berichte welche wir von Reisenden gehört haben, klingen nicht allzu ermuthigend, weder was Land noch Leute anbetrifft. (Vergl. Reisen der Gebr. James in Bezug auf das Nördl. Somaliland, Proced. of roy. Geogr. Soc. 1885). Letztere uns dereinst assimiliren zu können, darf man trotz unvortheilhafter Berichte nicht aufhören zu hoffen. Wenn sie auch in ihrem eigenen Lande sich zu unabhängig fühlen und abgeneigt sind, den Europäern als Arbeiter zu dienen, so ist es doch nicht ausgeschlossen, daß sie dereinst als Executivmacht verwendbar sein werden. Ihre Streitmacht zeigt, daß sie Muth besitzen und gelingt es irgend einem besonders befähigten Europäer, sie unter seine Controlle zu bringen, so dürften sie als Polizeimacht in anderen Gegenden sehr dankbare Verwendung finden. Ueber ihre Geeignetheit wird Stanley nach seiner Rückkehr aus Central-Afrika, wenn ihm diese, was wir hoffen wollen, beschieden sein sollte, werthvolle Aufschlüsse geben können; er nahm, wie ich mich selbst überzeugt habe, eine Anzahl Somalis mit, um sie während seiner Reise in der angedeuteten Art zu benutzen.

Der zweite Theil unserer Gebiete, in welchen die englische

Interessensphäre sich wie ein Keil hineinschiebt, unterscheidet sich wesentlich von dem Somalilande in den schon hervorgehobenen Punkten. Was im nördlichen Somalilande garnicht, im südlichen nur wenig auftritt, das Fieber, ist hier schon ein unausbleiblicher Gast. Es wird bedingt durch die größere im Lande vorhandene Feuchtigkeit. Nicht eine oder zwei große Wasseradern wie der „Jub" oder „Webbi" durchziehen wie diese sandige Landstrecken, sondern eine Anzahl Flüsse, einige sogar von beträchtlicher Größe, wie der „Tana" und „Sabaki" entspringen einem gebirgigen Lande, dessen Höhenlage ihm schon einen reichlicheren Theil athmosphärischer Niederschläge sichert. Daß hierdurch eine größere Fruchtbarkeit des Bodens bedingt wird, liegt auf der Hand. Es würde dieser Theil in jeder Richtung ein günstiges Feld für Kolonisation bieten, die genannten Flüsse sind streckenweit schiffbar und würden natürliche Verkehrswege bilden, der Boden ist fruchtbar, das Klima kann trotz vorkommenden Fiebers doch nicht als ein durchaus ungünstiges bezeichnet werden. Das Innere des Landes erhebt sich zu einer so bedeutenden Höhe, daß man erwarten darf, hier sogar ganz fieberfreie Landstriche zu finden. Jedenfalls würde die frische Höhenluft Klimakranken den Aufenthalt in diesem Gebiete sehr empfehlenswerth und angenehm machen. Im ganzen Lande gedeiht Vieh, so daß mit der Zeit Localverkehr durch Ochsenwagen geschaffen werden könnte, und auch werthvolle Handelsartikel finden sich hier. Allein dennoch ist dieser Theil kaum der günstigste für beginnende Kolonisation zu nennen und zwar aus zwei Gründen. Erstens, wenn auch nach dem Vertrage mit England, Deutsche das Recht haben sollen, in der englischen Interessensphäre im Privatinteresse ihrer Personen thätig zu sein, so kann doch hier niemals eine deutsche Kolonie entstehen, da die Grundbedingung hierzu, die Zugehörigkeit zum Mutterlande, ausgeschlossen ist. Es liegt auf der Hand, daß der englische Händler nicht gern einem Deutschen überlassen wird, was er selbst für sich erlangen kann. Es wird also der Deutsche hier immer in jeder Richtung gegen englischen Einfluß zu kämpfen haben. Der zweite Grund ist der, daß die Einwohner namentlich die der nördlichen Districte dieses Theiles, die Gallas, sich den Europäern gegenüber sehr ablehnend verhalten und die Arbeiterfrage, welche bei dem Plantagenbau eine hervorragende Rolle spielt, sich hier äußerst schwierig gestaltet. Ferner liegen hier die Gallas und Somalis fast fortwährend im Streite miteinander, so daß unter diesen Verhältnissen es kaum gerathen sein dürfte sich fest anzusiedeln. Trotzdem sollte auch hier der deutsche Handelsgeist seine alte Zähigkeit und Energie bewähren und trotz englischen Einflusses und widerwilliger hadernder Eingeborener, soviel von dem Handel dieses Gebietes an sich ziehen, als unter den Umständen eben möglich ist. Die Grundlage hierzu bildet „Witu", ein als Handelsbasis jedenfalls ausgezeichnet gewählter Punkt. Trotz der englischen Interessensphäre bleibt uns noch der südliche Theil dieser bis zum „Wami" sich ausdehnenden Gebiete, allein die Gliederung dieser Gegend ist wenig vortheilhaft und das fruchtlose Küstengebiet scheint von dem ebenfalls werthvollen und hochgelegenen Inneren durch einen Gürtel recht werthlosen Landes getrennt zu sein, dessen schlechter Boden und dessen Wassermangel die Verwerthung eigentlich ausschließen.

Wiewol das sehr werthvolle Land an der Küste in jeder Hinsicht geeignet scheint, zum Plantagenbau zu ermuthigen, so ist wie gesagt die Gliederung des Landes doch keine günstige und deßhalb der Verkehr vor der Hand sehr schwer. Der „Pangani" sowol als der „Wami" sind nur auf ganz unerheblichen Strecken schiffbar und fast alles Land an ihren Ufern von Arabern oder Eingeborenen in Gebrauch genommen. Wenn auch mit der Zeit dieser Theil zu unserem werthvollsten Besitz gehören wird, so scheint es doch kaum rathsam, unsere Kolonisationsbestrebungen hier zu beginnen. Die Natur selbst scheint uns den Fingerzeig zu geben, für unsere Erstlingsbestrebungen ein anderes Feld zu suchen.

Es bleibt uns der dritte, südlichste Theil unserer Besitzungen. Dieser erstreckt sich vom Wami bis „Rovuma". Auf den ersten Blick unterscheidet er sich von dem vorhergehenden Theil durch seine größere Ebenheit und geringere Höhenlage, außerdem liegen die höheren Gegenden weiter von der Küste entfernt. In klimatologischer Hinsicht dürfte der Unterschied gering sein, die Regenzeit tritt etwas früher ein und endet etwas eher. Unmittelbar an der Küste dürfte das Klima in gesundheitlicher Hinsicht weniger günstig sein, da das flache Land, wol meist Anschwemmungsproduct, Neigung zur Sumpfbildung zeigt.

In Bezug auf die Bevölkerung des Landes wissen wir, daß sich hier in der Nähe der Küste keine großen Stämme unter mächtigen Häuptlingen finden, sondern daß die Einwohner gegenseitig unabhängig von einander, Familien- oder Dörferweise zusammenleben, daher ihr Verkehr mit den Europäern nicht von der Laune eines einzigen, vielleicht habgierigen alten Negers abhängt. Letzteres, ein nicht zu übersehender Umstand, wird von wesentlichem Einfluß auf die Regelung der Beziehungen zwischen Weißen und Schwarzen sein, und seine Wichtigkeit wird namentlich bei Besprechung der Arbeiterfrage in den Vordergrund treten.

Bei Betrachtung des südlichen Theiles fällt uns indeß sofort seine günstige physicalische Beschaffenheit auf, nämlich in sofern, als ihm vier große Ströme angehören. Der „Wami", der „Kingani", der „Rufidji" und der „Rovuma". Unter diesen muß sich doch sicherlich einer finden, welcher geeignet ist, den Verkehr zwischen neu besiedelten Gebieten und alten Kulturorten, d. h. Märkten für die erzeugten Producte, zu vermitteln. Zunächst würde man wol den Kingani oder Wami als Basis für unsere kolonisatorischen Operationen wählen wollen, weil beide sich gegenüber von Zanzibar ins Meer ergießen, sie uns also unmittelbar im Zusammenhang mit europäischer Kultur erhalten. Allein wir haben vom Wami schon gehört, daß er nur auf kurze Distance schiffbar ist. Bei beiden Flüssen macht sich aber noch ein Nachtheil gegen ihre Wahl als Operationsbasis geltend. Die Entwickelung unserer kolonisatorischen Unternehmungen muß in Ostafrika naturgemäß von der Küste aus gegen das Innere vor sich gehen. Schreiten wir nun in der Richtung der genannten Flüsse, z. B. des Wami, vorwärts, so stoßen wir sehr bald auf Gegenden, welche, selbst wenn sie auf dem Wasserwege erreichbar wären, dennoch der Ausbreitung der Kultur kein günstiges Feld bieten würden. Zu beiden Seiten des Oberlaufes des „Wami", zieht sich nämlich auf weite Strecken die „Makata-Ebene" hin. Wäre diese das einzige sich in den Weg stellende Hinderniß, so würde es doch schon dem Vordringen der Kultur eine schwer zu überwindende Schranke bieten. In der trockenen Zeit eine dürre verbrannte Gegend mit ziegelhartem Boden, in welchem weite Risse klaffen, wird sie in der Regenzeit ein tiefer undurchdringlicher Sumpf, welcher sogar den Eingeborenen den Durchgang wehrt.

Weiter westlich findet sich allerdings das fruchtbare Mukondogwa-Gebiet, welches indessen nur von geringer Ausdehnung ist und uns durch das Thal des Mukondogwa hindurch, den Weg in ein, der Makata-Ebene ähnliches Gebiet öffnet. Von hier bildet der Ort „Mpwapwa" den Uebergang in die Sandwüste Marengamkali und hieran reiht sich das viehreiche aber wasserarme Ugogo mit seiner wilden Bevölkerung und erst westlich von diesem kommt das reiche Unyamwezi mit dem arabischen Handelsort Tabora.

Verlockender schon wäre ein Vordringen in nordwestlicher

Richtung vom Mittellaufe des Wami. Wir gelangen auf diesem Wege in das fruchtbare aber wild zerklüftete Gebiet der „Nguru"=Berge deren Unzugänglichkeit und Entfernung von der Küste indessen zu ihrem Nachtheil in Betracht kommt, sodaß auch der Wami als Basis für unsere Kolonisations= bestrebungen sich nicht wol eignet.

Vortheilhafter liegen die Verhältnisse am „Kingani." Auch dieser ist nur für eine kurze Strecke befahrbar, obwol man während der Regenzeit mit flachen Booten fast bis zur Mündung des Geringeri gelangen kann. Hat man die traurige Gegend des Unterlaufes des Kingani hinter sich, so zeigt sein Mittellauf fruchtbare und werthvolle Ufergebilde, später ge= langt man in das zwar kleine aber schöne Ukami, in welchem sich die Lugulu=Berge durch beträchtliche Höhe, kühles Klima und reichlichen Bestand von Nutz= und Bauholz auszeichnen. In westlicher Richtung von Ukami stoßen wir wieder auf den südlichen Theil der schon erwähnten „Makata=Ebene", womit das Entwickelungsgebiet unserer Kolonie abermals be= grenzt ist. Wenn daher auch der Kingani die Anlagen einzelner Plantagen an seinen Ufern zu begünstigen scheint, so ist gleich= wol von seiner Benutzung als Operationsbasis ebenfalls abzurathen.

Anders gestalten sich die Verhältnisse, wenn wir den Rufidji zu dem Ausgangspunkt, zur Basis für unsere Kolonisations= bestrebungen wählen. Dieser Fluß mündet gegenüber der Insel Mafia in das Meer. Obwol dies bedeutend weiter von Zanzibar entfernt ist, als die Wami= oder Kingani=Mündungen, so kommt dieser Umstand doch nicht in Betracht gegenüber den Vortheilen, welche die Benutzung dieses Stromes als Operationsbasis gewährt. Seine Mündung, obwol kein vorzüglicher natürlicher Hafen, — welche afrikanische Flußmündung böte auch einen solchen? — könnte doch leicht dazu gestaltet werden, wenn das Unternehmen der Kolonisation soweit gediehen wäre, derartige

Anlagen zu rechtfertigen, d. i. nothwendig zu machen. Die Simba=Ulanga=Mündung des Flusses bildet bei dem kleinen Orte Kikale eine Erweiterung, welche jetzt schon kleineren Schiffen einen Zufluchtsort gewähren kann und nur der helfenden Kunst bedarf, um als Hafen benutzt werden zu können. Der Eingang in den Rufidji ist zwar zur Zeit für größere Fahrzeuge noch schwierig wegen der Untiefen in der Biegung der Simba=Ulanga=Mündung, allein Dampfbarkassen sind schon in den Fluß eingelaufen und haben ihn eine kurze Strecke weit befahren, auf diese würde natürlich vor der Hand der Verkehr angewiesen sein. Außerdem würde man Boote ohne Kiel zu construiren haben, von genügender Breite und Länge, ähnlich den Kähnen, wie man sie jeden Tag in den Spreecanälen in Berlin fahren sehen kann. Für solche findet sich in dem ganzen Laufe des Rufidji durch eine Entfernung von anderthalb Längengraden kein nennenswerthes Hinderniß, wie ich auf einer Fahrt flußabwärts constatiren konnte. Diese Fahrt begann unweit von den Panganifällen, welche der Fluß weiter landeinwärts bildet und erstreckte sich bis etwas östlich von der Stelle, wo ein alter Arm des Rufidji, dessen Abzweigung man kaum wahrnehmen kann, sich wieder mit dem Hauptstrom vereinigt. Hier wurden mir von feindseligen Eingeborenen meine Boote abgenommen und ich war gezwungen, meine Reise zu Fuß fortzusetzen. Allein auf der ganzen befahrenen Strecke fand sich keine Stelle, wo nicht ein Kahn der erwähnten Art hätte fahren können. Noch zweckmäßiger, aber auch theuerer würden Boote der Art sein, wie sie von der englischen Regierung während der letzten Nilexpedition verwandt wurden. Dieselben waren 30—32 Fuß lang, 4—8 Fuß breit und hatten bei einer Belastung von 90 Centnern einen Tiefgang von nur 18 Zoll bei 16 Zoll Bord über Wasserlinie. Allerdings kostete jedes Boot 75—85 Fcs., sie bewährten sich aber ganz vorzüglich unter so schwierigen Verhältnissen, wie sie überdies bei ihrer Verwendung in Ost=Afrika ausgeschlossen sein würden. Das Bett des Rufidji zeigt allerdings Neigung zum Versanden; wo heute gutes Fahrwasser ist, erhebt sich vielleicht nach wenigen Tagen eine Sandbank und man muß das tiefe Wasser an einer anderen Stelle aufsuchen. Allein es wird nicht schwer halten, diese Stellen kennen zu lernen und durch geringe Nachhülfe das Strombett frei zu halten. Man braucht hier nicht gleich kostbare Stromregulierungsarbeiten vorzunehmen, sondern man begnügt sich im Anfang mit ge= ringeren Aushülfen, wie sie z. B. das sogenannte „Wattling= system" ermöglicht. Wo der Strom Neigung zum Versanden zeigt, schlägt man seinem Laufe entlang zwei sich gegenüber liegende Reihen Pfähle in das Wasser, welche man unter einander mit einer Art Flechtwerk verbindet, so daß der Fluß zwischen zwei Wänden zu fließen scheint. An der Einflußstelle sind die Wände etwas weiter von einander ent= fernt als am anderen Ende. Die entstehende Strömung hält nun selbst die mittlere Rinne rein, während der Sand sich außerhalb der Flechtwerke ablagert und neue Ufer bildet. Wo Holz in Menge vorhanden ist, wie am Rufidji, ist solches Flechtwerk leicht und billig herzustellen. Die Methode soll sich gut bewähren. Die vielgeschmähten Mangrovebüsche z. B. bieten vorzügliches Material für diesen Zweck. Das Holz ist gerade und lang und verfault nicht leicht im Wasser. Auf ähnliche Weise könnten an anderen Stellen Bunen an= gebracht werden, welche vom Ufer aus in den Strom hinein= ragen und sein Flußbett verengend, das Wasser schneller zu fließen zwingen. Wie schon hervorgehoben, werden indessen derartige Arbeiten nur in geringem Maaße erforderlich sein, da für flache Fahrzeuge überall genügend Wasser vor= handen ist.

Während der Fluß selbst uns den Verkehr und Transport

auf erhebliche Entfernung ermöglicht, finden wir an seinen Ufern Stellen, welche uns zur Kultivation einladen. Die meisten Vortheile scheint uns die Gegend unweit westlich des kleinen, vorhin erwähnten Ortes Kikale zu bieten. Hier durchbricht der Rufidji einen, die Küste durch viele Breiten= grade begleitenden Höhenzug, welcher sich durchschnittlich bis zu einer Höhe von 300 Fuß erhebt, obwol einzelne Spitzen eine weit bedeutendere Erhebung aufzuweisen haben, und welcher oft eine beträchtliche ostwestliche Ausdehnung besitzt. Dieser Höhenzug wird durchschnitten von einer Anzahl kleiner Wasserrinnen, welche zur künstlichen Bewässerung angelegter Plantagen benutzt werden könnten. Außerdem fängt derselbe fast das ganze Jahr hindurch die feuchtigkeitsschwangeren Seewinde auf, und wo in Afrika Feuchtigkeit vorhanden, fehlt auch die Fruchtbarkeit nicht. **Dieser Höhenzug ist der Ort auf welchem, als den geeignetsten Ausgangs= punkt für unsere kolonisatorischen Bestrebungen, die Natur selbst hinzuweisen scheint.** Der Fluß ist in unmittelbarer Nähe, und wenn selbst auch direct an seinen Ufern keine Plantage angelegt werden könnte, so wäre er doch unschwer von den Plantagen aus mittels Ochsenkarren zu erreichen. Zu diesem Zweck ist es nicht nöthig, große Summen für Chausseebau auszugeben, man fällt nur die im Wege stehenden Bäume, füllt hier ein Loch aus, trägt dort eine schiefe Stelle ein wenig ab und fährt los. Im Uebrigen sucht man die ge= eignetsten ebenen Stellen aus, wo das Gefährt am bequemsten passiren kann, ohne Gefahr zu nehmen. Das Verfahren ist in der That kein anderes. Die auf diese Art entstehenden Wege bilden noch heute fast die einzigen Verkehrstraßen in Süd=Afrika, einem staatlich geregelten und in Bezug auf Handel und Verkehr wol entwickelten Lande; es ist also wol anzunehmen, daß sie auch den Bedürfnissen einer erst im Entstehen begriffenen Kolonie genügen werden.

Indessen nicht lediglich auf den erwähnten Höhenzug sind wir bezüglich unserer Kultivationsbestrebungen angewiesen, auch stromaufwärts finden wir Landstriche, welche uns günstige Aussichten eröffnen. Bei den Panganifällen, einem Punkte weit im Innern, welcher die Grenze der Schiffbarkeit des Rufidji bezeichnet, stoßen wir schließlich abermals auf einen dem vorigen ähnlichen Höhenzug.

Aber auch der Weiterentwickelung unserer Kolonie in der angedeuteten Weise steht hier kein Hinderniß entgegen. Anstatt bei unserem weiteren Vordringen auf werthlose Gegenden zu stoßen, gelangen wir in das außerordentlich fruchtbare Gebiet des „Ulanga" oder oberen Rufidji. Allerdings ist dieser Uebergang nicht unmittelbar, sondern von den vorher erwähnten Panganifällen aus ist der Rufidji, welcher hier erst diesen Namen erhält und von den hier sich vereinigenden Flüssen „Ulanga" und „Ruaha" gebildet wird, auf eine Strecke weit, bis zu den Suguli=Fällen, unbefahrbar, und erst hinter diesen, also stromaufwärts, besitzt er wieder eine Größe und Tiefe, welche ihn für größere Flußdampfer befahrbar macht. Von hier beschreibt der Fluß einen großen Bogen östlich vom Nyassa=See und auf seinem ganzen Laufe fand ich während einer langen Bootfahrt stromauf= und stromabwärts nicht eine Stelle, welche nicht selbst größeren Fahrzeugen die Fahrt gestattet hätte. In seinem oberen Laufe tritt dieser Fluß bis fast unmittelbar an die 6000 Fuß hohen Uhehe Berge heran, welche das Hochplateau von Uhehe und Ubena bilden und mit ihrem kühlen Klima reichlichen, wenn auch kleinen Wasserläufen und großen Rindviehheerden dem Kolonisten ein dem Oranje=Freistaat Süd=Afrika's ähnliches Ansiedlungsgebiet verheißen. Es ist ein nicht gering anzuschlagender Vortheil, daß diese hochgelegenen Gebiete direct auf dem Wasserwege zu erreichen sind, ein Umstand, welcher sich wol so leicht nicht wieder in Ost=Afrika finden

bürfte. Die Kommunication würde in der vorher schon an=
gedeuteten Weise herzustellen sein, daß in den bergigen
Gegenden Vieh gezüchtet und zum Ziehen verwandt würde.
Mit den Ochsenkarren ließe sich dann der Fluß erreichen.
Damit ist ein zunächst vollkommen entsprechender Verkehr
hergestellt. Die vorher erwähnte unschiffbare Strecke des
Rufidji, oder wie man den Fluß hier eigentlich noch nennen
müßte, „Ulanga" wäre durch eine ähnliche Kommunications=
einrichtung zu umgehen. An jedem Ende der Strecke müßte
man, falls sie noch nicht vorhanden wären, einige Dörfer
Eingeborener ansiedeln und ihnen eine Anzahl Esel zur
Nutzung übergeben, diese Esel, in kleine zweirädrige Karren
gespannt, müßten den Transport zwischen den Fällen, also
den beiden schiffbaren Theilen des Flusses, vermitteln. Esel
wären hier dem Hornvieh vorzuziehen, weil der Boden steinig
ist, die Hufe von Ochsen daher stark angegriffen werden
würden, und weil die „Tsetse"=Fliege vorkommt, welche zwar
dem Rindvieh verderblich ist, aber dem Esel nicht schadet.
Schließlich fände sich auch die Möglichkeit, hier einen Transport
durch Eingeborene einzurichten, in der Weise, wie dieser jetzt
im ganzen Lande bewerkstelligt wird. Es würde sich nur
darum handeln, diesen Transport regelmäßig und billig her=
zustellen. Wir würden naturgemäß auf die Bevölkerung des
Landes angewiesen sein, welche sich augenblicklich noch nicht
dazu versteht, eine solche Aufgabe mit Regelmäßigkeit zu
erfüllen; in wieweit und in welcher Weise sie in dieser Richtung
zu beeinflussen ist, werden wir später ersehen. jedenfalls ist die
Bevölkerung dieser Gegend eine solche, d..p, wenn wir erst
den später zu besprechenden Einfluß auf sie werden aus=
üben können, sie die am besten geeignete sein wird, diesen
Transport zu vermitteln. Noch ein Umstand, dessen Erwähnung
nicht unterlassen werden darf, ist der, daß der Nyassa=See
weit näher der Küste sich befindet, als irgend ein anderer

der großen Seeen und daß man sich diesen durch den Ulanga bis auf kurze Entfernung nähern kann. Hierdurch sowol als in Folge der hier dichten Bevölkerung bieten sich in der That verlockende Aussichten für die Errichtung von Handels=unternehmungen.

Ueber die Einzelheiten des Verfahrens in unseren kolonisatorischen Unternehmungen werden wir erst schlüssig werden können, nachdem wir uns völlig klar geworden sind über das Ziel, welches wir eigentlich zu erreichen gedenken. Es genügt nicht die Absicht auszusprechen, man wolle kolonisiren, bringt auch diesen Begriff nicht durch Anlage einer Handelsfactorei oder einer Plantage zum Ausdruck. Vielmehr ist der Begriff „Kolonie" ein vielseitiger. Er zerfällt in Theile.

Es giebt nämlich:
1. Handels=
2. Besiedlungs=
3. Betriebs=Kolonien.

Jeder dieser Theile (Unterabtheilungen) des Hauptbegriffs „Kolonie" setzt einen anderen Entstehungsproceß voraus.

Die Kolonie an sich aber (der Hauptbegriff) kann wiederum eine zweifache Unterlage haben:
1. staatliche
2. kommercielle,

die erstere charakteristisch für die romanischen (hauptsächlich Franzosen), die andere charakteristisch für die germanischen Völker (Engländer und Holländer).

Es tritt an unsere Kolonisatoren die Frage heran, welche Art der Kolonisation sie im Hinblick auf das zu kolonisirende Land betreiben wollen und welches der beiden Systeme das romanische oder germanische sie anzuwenden beabsichtigen. Man hat, wie gesagt, Kolonisation eingetheilt in Handels=, Besiedlungs= und Betriebskolonisation.

Obwol jeder dieser Theile ein Ganzes für sich bildet,

so ist es doch schwer, in der Praxis eine scharfe Grenze zu ziehen. In jeder Art der Kolonie wird mehr oder weniger Handel getrieben und selbst in den reinsten Handelsniederlassungen fehlt es nicht an mancherlei Art des Betriebes.

Unter „Handelskolonie" — erinnern wir uns, daß hier von der Kolonisation uncivilisirter Länder gesprochen wird, — versteht man eine solche Niederlassung, in welcher hauptsächlich Tauschhandel getrieben wird. Eine solche wird da am ersten entstehen, wo natürliche Producte in reichlichem Maaße vorhanden sind und eine Bevölkerung, welche diese Producte kennt und sie gegen andere Gegenstände, meist europäischen Ursprunges, auszutauschen geneigt ist. Daß diese Mode der Erschließung eines Landes nur selten große kulturelle Erfolge aufzuweisen haben wird, liegt auf der Hand. Im letzten Falle werden die Factoreien sich in der Zahl mehren, niemals werden die Eingeborenen civilisirt, das Land als solches verwerthet werden. Im Gegentheil. Dieses Verfahren bedingt gewöhnlich Raubbau. Ohne Rücksicht auf deren Fortbestand, wird der Eingeborene die im Handel verlangten Rohproducte ausrotten, um den momentanen Vortheil des Erlöses sich zu sichern. Auch der Europäer wird ohne Rücksicht auf diesen Umstand das Product aufkaufen, ohne für dessen Erhaltung auch in der Zukunft Sorge zu tragen. Bei Handelskolonisation ist der Handel eben nur sich Selbstzweck und heißt hier Gelderwerb, der Händler darf sich daher dieses Verfahren wol gestatten, allein der Kolonisator muß dem Interesse späterer Generationen Rechnung tragen. Sein Verfahren wird daher ein anderes sein müssen. Er hat seiner Kolonie das aus dem Verkauf ihrer Rohproducte entspringende Einkommen, auch deren Erhaltung und Fortpflanzung zu sichern. In Beziehung auf den Raubbau will ich nur Elfenbein und Kautschuk erwähnen. Ersteres wird bei der jetzigen Ausbeutung nur noch verhältnißmäßig wenige Jahre einen Handelsartikel liefern. Müssen doch jetzt schon die „Elfenbeincaravanen" tief in das Innere Afrika's sich begeben, um des kostbaren Artikels überhaupt noch habhaft zu werden. Von Jahr zu Jahr wird der Elephant in kleinere Districte eingeschränkt und mehr und mehr aussterben, wenn ihm nicht, wie in Indien, Pflege und Schonung zu Theil wird. Es wird eine dankbare Aufgabe und eine der vornehmsten Aufgaben sein, den Elephanten der Natur zu erhalten und ihn dem Dienste des Menschen zuzuführen.

Obwol Kautschuk jährlich in großen Mengen von Ost=Afrika exportirt wird, so ist doch die Pflanze selbst stark im Abnehmen begriffen, da der gedankenlose Neger ja keinen Augenblick überlegt, daß er die Henne tötet, welche ihm die goldenen Eier legt, wenn er eine frisch gefundene Pflanze mit Stumpf und Stiel ausrottet. Während, wie die Hindoo=kaufleute erzählen, früher das Kautschuk massenhaft in die kleinen Küstenorte, aus deren nächster Umgebung gebracht wurde, müssen gleichfalls die Händler jetzt schon weite Reisen bis tief in das Innere machen, um noch dieselben Quantitäten wie früher aufzutreiben. Ich selbst traf solche Händler am oberen Ulanga, wo sie ein Kautschuk geringerer Qualität begierig aufkauften. Die Landolphia=Ranke, welche das beste Kautschuk liefert, scheint im weiten Innern nur selten vorzukommen, allerdings ist das mit Bestimmtheit noch nicht festgestellt. Noch ein Uebel, welches der Handel und die Factoreien gewöhnlich mit sich zu bringen pflegen, ist das Alcohol. Der schädliche Einfluß desselben bedarf der Er=örterung nicht mehr. Nur mag darauf als auf eine Folge schlimmster Wirkung hingewiesen werden, das sein Genuß dem Müßiggange des Negers Vorschub leistet, infolge dessen dem ohnehin geplagten Weibe des Negers nun außer der Beschaffung des gewöhnlichen Unterhaltes auch noch der Er=

werb derjenigen Producte aufgebürdet wird, aus deren Erlös der schwarze Herr Gemahl die Rechnung für „Getränke" bestreitet. Bei den Somali, welche Mohammedaner sind, würde die Einführung von Alcohol zunächst nicht in gleichem Maße schädlich sein, da ihre Religion ihnen den Genuß desselben verbietet, und dem Verbote selten zuwider gehandelt wird.

Aus den angeführten Gründen möchte ich natürlich, ohne den Handel in unseren Kolonien auszuschließen, solche specifische Handelskolonisation, d. h. Anlage von Factoreien, welche keinen anderen Zweck als nur den Handel verfolgen, in solche Theile unserer Gebiete verweisen, welche für andere Art der Kolonisation vor der Hand noch nicht zugänglich sind, z. B. die Somaliländer oder die Gebiete der Gallas. Die Nothwendigkeit der Selbsterhaltung wird uns aber auch hier in der mehr oder weniger noch unvermeidlichen Anwendung des Raubsystems die erforderlichen Schranken auferlegen. In das Land einzudringen, um es auf andere Weise zu verwerthen, erlaubt uns vor der Hand der Charakter der Eingeborenen nicht. Bei den Nachtheilen dieser Art des Handelsbetriebes darf indessen nicht außer Acht gelassen werden, daß in ihm gerade wieder das wirksamste Mittel zu finden ist, sonst unzugängliche Eingeborene allmählich an den Verkehr mit Europäern zu gewöhnen. Aus diesem Grunde ist ebenfalls das Somaliland das richtige Gebiet für Errichtung von Handelsfactoreien. Sie gewährleisten die Möglichkeit, später der Entwickelung und Verwerthung dieses Landes auf andere Weise näher zu treten.

Einen ganz anderen Weg als den vorher geschilderten durchläuft in ihrer Entstehung eine Besiedelungs-Kolonie. Diese bildet sich da, wo klimatische Verhältnisse und eine günstige physikalische Beschaffenheit des zu kolonisirenden Landes Ansiedelungen großer Menschenmengen gestatten. Man wird finden, daß in solchen Gegenden die Ansiedler sich meist mit geringem Grundbesitz begnügen, auf welchem sie Ackerbau treiben. In verhältnißmäßig kurzer Zeit bilden sich dann Städte und hierdurch Absatzgebiete für die Naturproducte, so daß der kleine Farmer auch geringe Quantitäten der Producte seines kleinen Grundbesitzes verwerthen kann. In dieser Weise ist Amerika bevölkert und kolonisirt worden, doch bot dieses Land für Besiedelungskolonisation Vortheile, wie man sie vergeblich ein zweites Mal auf der Erde suchen wird.

Diese Art der Kolonisation ist zunächst in Afrika ausgeschlossen. Das Klima würde nur in wenigen Gegenden dem Europäer gestatten, die auf einer kleinen Farm erforderlichen Arbeiten selbst zu verrichten. Die Gegenden, wo es der Fall sein könnte, am Kilimandjaro und auf dem Hochplateau von Uhehe, sind weit von der Küste entfernt, und deshalb für den einzelnen, auf eigene, meist geringe Mittel, angewiesenen Kolonisten, unerreichbar. Ferner ist die physikalische Beschaffenheit Afrikas, wenigstens des jetzt in Betracht kommenden Theiles, für eine rasche Entwickelung durch zahlreiche Besiedelung ungünstig. Der Verkehr wird sich an ganz bestimmte Strecken binden und selbst auf diesen würden die Erträge einer kleinen Farm keine genügende Verwerthung finden.

Außerdem ist das nicht hinwegzuleugnende Fieber ein Hinderniß für Besiedelungskolonisation, da der einzelne Kolonist zeitweise durch dieses verhindert werden wird, seinen Arbeiten obzuliegen. Schließlich sind vor der Hand die Anlage- und Betriebskosten aller Unternehmen noch zu bedeutend, um dem Einzelnen die Möglichkeit zu bieten, so billig produciren zu können, daß er für seine Produkte Absatz findet.

Es bleibt die sogenannte Betriebskolonisation; sehen wir nun zu, in wie weit diese in Ost-Afrika anwendbar ist.

Unter Betriebskolonisation versteht man Verwerthung

des Landes in der Weise, daß an bestimmten Punkten Unter=
nehmungen, bestehend aus Ackerbau, Minenwesen ꝛc., durch
die Arbeit von dazu geeigneten farbigen Arbeitern, meist
wol Eingeborenen des Landes, unter Oberaufsicht und Leitung
von Europäern, ins Leben treten. In nächster Umgebung
dieser „Kolonisationscentren" mag die Natur noch in aller
Urwüchsigkeit belassen werden. Nur nach Bedürfniß und
Zweckmäßigkeit ist an entsprechender Stelle wiederum eine
Anlage zu machen und so fort, lediglich nach Maßgabe des
Bedürfnisses.

Java kann als erläuterndes Beispiel dienen. Da wir
bis jetzt in Ost=Afrika noch keine Metalle in abbauwürdigen
Mengen vorgefunden haben, so würde Minenbau wegfallen.
Für die hier zuständige Art des Betriebes wird man das
anschaulichere Wort „Plantagenbau" anzuwenden haben. Für
die durch denselben zu erzielenden Producte sind in Ost=
Afrika die Voraussetzungen gegeben. Fast alle tropischen
Producte scheinen zu gedeihen. Ich nenne nur Kaffee,
Indigo, Vanille, Cacao. Allein die Producte, welche die
meisten Aussichten auf baldige Rentabilität zu bieten scheinen,
sind Baumwolle und Tabak. Beide Gewächse kommen im
Lande wild vor und kleine Proben, welche mit dem Anbau
gemacht worden sind, scheinen günstige Resultate geliefert zu
haben. Wenn die Kautschuk=Pflanze, anstatt ausgerottet zu
werden, an feuchten Stellen, welche sie liebt, immer wieder
nachgepflanzt würde, so dürfte aus diesem Product eine er=
hebliche Einnahmequelle zu erzielen sein.

In einer Betriebskolonie soll die erforderliche Arbeit
durch Eingeborene verrichtet werden. Wenn wir uns nun
in Ost=Afrika umblicken, so gewahren wir gerade in unseren
Gebieten eine so zahlreiche Bevölkerung, daß wir keinen
Augenblick im Zweifel zu sein brauchen, woher wir die
Arbeiter zu nehmen haben; es fragt sich nur, ob wir sie ver=

anlassen können, die zu unseren Zwecken nöthige Arbeit regelmäßig und zu angemessenen Preisen zu verrichten.

Noch Eines darf bei der Besprechung von Betriebskolonisation nicht außer Acht gelassen werden, es ist dies der Umstand, daß diese Art des Vorgehens auf Gegenden anwendbar ist, welche sich für Besiedelungskolonisation aus Gesundheitsrücksichten ungeeignet erweisen würden. Selbst in ungesunderen Gegenden ist sie durchführbar, da der einzelne Europäer sich besser gegen den Einfluß des Klimas schützen kann, als die Menge, welche noch dazu auf die eigene Arbeit angewiesen sein würde. Ferner ist für Plantagenunternehmungen das schon ein großes Gebiet, was erst einer verhältnißmäßig kleinen Anzahl von Kolonisten Raum zur Ansiedlung gewähren würde.

Für Plantagenwirthschaft genügt ein Flußlauf wie der des Rufidji als Verkehrsstraße, wenigstens vor der Hand. Wollte man hier die Gegend besiedeln, so würden künstliche Verkehrswege bald nöthig werden. Schließlich wissen wir ja schon, daß das Klima uns die Besiedelung dieser Gegenden wenigstens vorläufig verbietet.

Auch vom ethischen Standpunkt aus betrachtet, scheint Betriebskolonisation die für uns passendste Methode zu sein. Die Eingeborenen werden zahlreich mit den Europäern in Verkehr zu treten gezwungen, und es wird möglich werden, durch die über sie zu übende Controlle einen civilisatorischen Einfluß auszuüben, sie mit einem Wort zu Arbeitern und somit zu nützlichen Gliedern der menschlichen Gesellschaft zu erziehen und zu bilden. Wir wissen nun, welche Art der Kolonisation sich für die gegebenen Verhältnisse als die geeignetste darstellt, und können uns mit der Frage beschäftigen, auf welcher Unterlage wir unsere Kolonisation aufbauen wollen, auf der staatlichen oder auf der kommerziellen.

Gegen das sofortige Eingreifen staatlicher Maßnahmen

machen sich so schwer wiegende Gründe geltend, daß wir nach kurzer Betrachtung derselben von deren Einführung abstehen werden. Unter staatlichen Maßnahmen verstehe ich zunächst nicht Verordnungen, welche vom „Staate", also vom Reich, erlassen werden, sondern solche Schritte, welche den Zweck haben, eine staatliche Verfassung, staatliche Zustände einzuführen oder solche Anordnungen, welche man in einem bereits geregelten Staatswesen, wo Verständniß für dieselben herrscht, und wo ihre Durchführung möglich ist, geben kann, kurz: solche Maßnahmen, welche einen in staatlichen Funktionen sich offenbarenden Herrschaftswillen zum Ausdruck bringen.

Staatliche Maßnahmen, welche naturgemäß in Gebote und Verbote zu kleiden sind, sind schon deßhalb schwierig einzuführen, weil wir unserer ganzen Kenntniß des Landes und seiner Bewohner halber vor der Hand gar nicht wissen, was wir mit Aussicht auf Erfolg gebieten und verbieten sollen. Wir würden also ein System von Geboten und Verboten, gebrauchen wir dafür den bequemeren, beides einbegreifenden Ausdruck „Erlasse", einzuführen haben, welche in Europa fabricirt und zum größten Theil auf europäische Anschauungen gegründet sein würden. Ihre consequente Durchführung aber würde auf die größten practischen Schwierigkeiten stoßen, ganz abgesehen davon, ob die starre Durchführung der den Verhältnissen nicht einmal entsprechenden Maßnahmen überhaupt zu rechtfertigen ist. Vor Allem aber ist, um auf staatlicher Basis mit Erfolg zu kolonisiren, eine gänzlich unanzweifelbare Macht nöthig, welche als Executivgewalt die Durchführung angeordneter Maßregeln eventuell erzwingen, Vergehen gegen solche, bestrafen kann. Beispiele werden hier erklärender wirken als Erörterungen. Die Franzosen legen in ihren Kolonien das Hauptgewicht auf das Regieren des Landes, d. h. in die Inkraftsetzung des Buchstabens des

Gesetzes. Inwieweit ihre Administrative für die Entwickelung der Kolonie von Vortheil ist, kommt erst in zweiter Linie in Betracht. Welche Folgen dies für die so regierten Länder hat, erhellt aus dem, was uns Hübbe-Schleiden in seinem Werke „Ethiopien" über die Zustände im französischen Westafrika erzählt. Nicht allein widerspricht hier ein Erlaß dem anderen, sondern es scheinen nur diejenigen in Kraft zu stehen, welche, weil sie im Allgemeinen von humanen Anschauungen ausgehen, aber nur dem Buchstaben nach ausgeführt werden, den Europäer gegenüber dem Schwarzen entschieden benachtheiligen.

Wie sehr eine staatliche Kolonisation der Executivgewalt und zwar einer unfraglichen solchen bedarf, geht ebenfalls aus Hübbe-Schleidens Erzählung von den französischen Bootexpeditionen hervor, welche ausgesandt werden, um Bestrafungen an räuberischen Eingeborenen zu vollziehen und aus Ohnmacht mit dem Verbrennen einer leeren Hütte enden, ohne dadurch die Zustände, welche strafende Maßregeln nöthig machen, im geringsten gebessert oder abgeändert zu haben.

Wie sehr sticht gegen dieses Verfahren das Vorgehen unserer Kriegsschiffe in Westafrika und der Südsee ab.

Auf der anderen Seite läßt sich hinwieder nicht leugnen, daß unsere Kolonisationsbestrebungen nicht sehr gedeihen würden, wenn wir uns darauf capriciren wollten, jeden Verstoß der Eingeborenen gegen unsere staatlichen Anordnungen durch Kriegsschiffe ahnden zu wollen. Wie sollte dies außerdem da geschehen, wo das Vergehen so weit von der Küste stattgefunden hat, daß dessen Schauplatz von der Besatzung des strafenden Kriegsschiffes nicht erreicht werden kann? Wir setzen uns also entweder der entschiedensten Inconsequenz aus, indem wir nur Vergehen bestrafen, welche an der Küste stattfanden, oder müssen mit großem Kostenaufwande, denn ohne solchen ist es nicht möglich, die Mittel schaffen, überall, also auch im Innern, durchgreifend vorgehen zu können.

Der Kostenaufwand ist ein Grund, welcher noch besonders bestimmt, von sofortiger Einführung staatlicher Einrichtungen abzusehen. Diese können nur mit einem speciell dazu eingerichteten Apparate, einem eigenen Stabe, durchgeführt werden. Es ist selbstverständlich, daß ein solcher große Kosten für seine Unterhaltung sowol, als auch für die Durchführung seiner Aufgabe beanspruchen wird. Es ist ausgeschlossen, daß der Händler, der Pflanzer oder sonstige Kolonist im Stande sei, die Arbeiten eines geschulten Staatsbeamten zu verrichten, oder wenn er es kann, ihnen zu gleicher Zeit mit seinen technischen Arbeiten obliege. Ebenso wenig wird man dem Verwaltungsbeamten zumuthen können, zu gleicher Zeit mit seinen amtlichen Functionen die Arbeiten eines Plantagenaufsehers zu übernehmen. Man sieht also, daß ein getrenntes Beamtenpersonal da nöthig sein wird, wo man von Anfang an im Rahmen staatlicher Verhältnisse arbeiten will. Die hierdurch erwachsenden, nicht unbeträchtlichen Kosten fallen aber weg, das Unternehmen kann also mit geringeren Mitteln durchgeführt werden, wenn wir es nicht von Anfang an in ein staatliches Gewand kleiden. Was nun gar die oft angeregte Verstaatlichung unseres Kolonisationswesens anbetrifft, so sprechen obige Gründe gleichfalls gegen diese. Dazu kommt, daß das Reich aus politischen Gründen in manchen Fällen würde Rücksichten zu nehmen haben, welche bei Privatunternehmen wegfielen.

Es wird nach dem Gesagten an Stelle der staatlichen die kommercielle Unterlage zu wählen sein, aus welcher heraus sich indessen die staatliche Verwaltung eines Landes mit der Zeit von selbst entwickeln kann, besonders da wir Zeit gewinnen, in welcher wir lernen können, in welcher Richtung unsere administrative Thätigkeit besonders in Kraft treten muß. Nicht mechanisch läßt sich in einem Haufen ungeordneter Wilder durch bloße Verordnungen ein geregeltes Volksleben schaffen. Dessen Nothwendigkeit und Ersprießlichkeit muß dem Wilden durch eigene Anschauung im täglichen Zusammenleben mit den civilisirten Menschen erst verständlich gemacht werden. Dem Beispiele, nicht Beweisgründen, ist der Neger zugänglich. Die stricte Befolgung von Erlassen müßte gegebenen Falles, vielleicht unter den mißlichsten Umständen von dem Neger erzwungen werden, in das Werdende aber, was vor seinen Augen entsteht, fügt sich der Neger wie ein Kind in seine Erziehung; beide können nicht anders. Um zu erziehen, müssen wir indessen gewisse Grundsätze uns zu eigen machen, welche uns bei der Erziehung zu unserer Richtschnur dienen. Unsere eigenen Kinder bilden wir nach uns selbst und lehren sie innerhalb von Alters her geregelten Pfaden zu wandeln. Um dasselbe mit Erfolg bei den Schwarzen zu thun, müssen wir diese selbst erst, ihre Sitten und Gebräuche, kennen lernen, um aus diesen heraus vermöge unserer überlegenen Einsicht ihnen das Ziel begreiflich zu machen, zu dessen Erreichung wir ihnen durch unser Beispiel die Wege weisen. Versetzt man den wilden Neger plötzlich auf eine breite europäische Chaussee, so wird er kaum wahrnehmen, daß er sich auf einem Wege befindet, dieser wird ihm als offenes Feld erscheinen, auf welchem er sich verlieren kann. Auf dem engen schmalen Fußpfad seiner eigenen Heimat dagegen schreitet er rasch genug vorwärts. So müssen also auch Verordnungen für Neger deren Verständniß und Rechtsanschauung angepaßt sein. Montesquieu sagt in seinem „Esprit des lois", daß Gesetze sich der Natur des Landes, in welchem sie gelten sollen, anpassen müssen, sie müssen dem Grade von Freiheit entsprechen, welchen ein Volk vertragen kann; sie müssen aus den Verhältnissen entstehen, nicht diesen aufgepfropft werden.

Aus den vorangegangenen Ausführungen wird sich die Richtigkeit folgenden Satzes herleiten, welcher nicht allein bei Einführung von staatlichen Maßnahmen, sondern bei allen unseren Kolonisationsbestrebungen maßgebend sein sollte. Er lautet: Man versuche nicht afrikanische Kolonisation nach Grundsätzen durchzuführen, welche lediglich aus der Beurtheilung europäischer Verhältnisse gewonnen sind, sondern man gestalte das Kolonisationssystem im engsten Anschluß an die Verhältnisse des Landes, in welchem es zur Geltung kommen soll. —

Dem kolonisatorischen Unternehmen eine kommercielle Basis geben, erklärt man wol am besten in der Weise, daß man es vor der Hand lediglich als ein kaufmännisches betrachtet und alle Maßnahmen von diesem Gesichtspunkt aus ergreift. Diese werden also zunächst mit der Administration des Landes sich nur so weit zu befassen haben, als dieselbe zu der Rentabilität des Unternehmens erforderlich ist. Dieses muß, wie schon gesagt, anfänglich unser leitender Gedanke sein. Es wird daher unsere Administrative sich zunächst nicht auf das Land und Volk als solches, sondern auf den Ort unserer Niederlassung zu erstrecken haben und auch hier meist nur negativer Art sein müssen, d. h. aus Verboten bestehen. Die Befolgung dieser ist leichter zu erzwingen und die Erkenntniß dessen, was verboten, leichter, als dessen, was geboten werden muß. Die einzelnen Maßnahmen, um unser Unternehmen auf eine kommercielle Basis zu bringen, wollen wir besprechen, wenn deren Zweck klar gelegt und damit deren Nothwendigkeit erwiesen sein wird. Vor der Hand wollen wir noch einmal ganz besonders betonen, daß es sich in unseren neuen Kolonien nicht in erster Linie darum handelt, Sicherheit für die Person und den Besitz und geordnetes Volksleben unter den Eingeborenen zu schaffen. Für das Leben und den Besitz des Einzelnen ist wenig zu fürchten und von dem geordneten Volksleben ziehen wir keinen Nutzen. Unsere erste Aufgabe ist vielmehr, etwas zu schaffen, was der Kolonie den Werth verleiht, den sie haben muß, um ihren Besitz auch überhaupt wünschenswerth zu machen. Erst wenn dieser Werth vorhanden, wird die Aufgabe an uns herantreten, die Verhältnisse im Lande so zu ordnen, daß sie die Garantie für die Sicherheit dieses Besitzes bieten. Nicht von Anfang an regieren, sondern erst etwas schaffen, was des Regierens werth ist!

Es fragt sich nun, unter welchen Umständen eine Kolonie des Besitzes, also des Regierens werth ist. Könnten wir in Afrika Besiedelungskolonisation treiben, so wäre die Frage gelöst, da durch die Anwesenheit von tausenden unserer Landsleute auch von selbst eine enge Zusammengehörigkeit mit dem Reich bedingt und Handel und Production in ganz anderer Weise vor sich gehen würde, als dies jetzt der Fall sein kann. Gesetzt auch, irgend ein oder mehrere Privatunternehmen gedeihen vorzüglich in unseren Kolonien, so wäre hierin immer noch kein Grund zu finden, den betreffenden Ort als deutsche Kolonie in Besitz zu halten, das Unternehmen könnte ja auch unter anderer Staatsoberhoheit gedeihen und seine Begründer bereichern. Es muß also schon ein allgemeiner, der ganzen Nation zu Gute kommender Nutzen sein, welcher unseren Kolonien entsprießen muß, ehe sie auch für die Nation des Besitzes werth werden. Ist dieser Nutzen nicht von Anfang an vorhanden, so muß wenigstens die Möglichkeit existiren, ihn in das Leben zu rufen. Welcher Art dieser Nutzen sein wird, geht schon aus der Richtung hervor, welche wir unserem Kolonisationsunternehmen geben. Die Besiedelungskolonie nimmt unsere überschüssige Bevölkerung auf, aus der Handelskolonie beziehen wir Rohproducte im Austausch gegen unsere Industrieerzeugnisse. Die Betriebskolonie soll in gewisser Weise beides in sich vereinigen. Allein es liegt eine Gefahr darin, den neuen Länderbesitz nur als Productionsgebiet von Rohproducten und als Entnehmer von überschüssiger Bevölkerung aufzufassen. Im ersteren Falle wird das Mutterland nur Absatzgebiet für die Kolonie, ja, die letztere vielleicht sogar noch Concurrentin für den Handel des Mutterlandes, im anderen Falle, welcher ja allerdings bei Ost=Afrika nicht in Betracht kommt, wird jeder eingewanderte Ansiedler wieder Rohproducte produciren, dagegen seine Bedürfnisse an Industrieerzeugnissen daher beziehen wollen, wo es seiner individuellen Lage nach am bequemsten ist. Ein Land, welches unter civilisirten Verhältnissen in sich, seiner Production und seinem Consum ein abgeschlossenes Ganzes bildet, ist eben ein Staat, welcher zwar als Vasallenstaat in dem Verhältniß politischer Abhängigkeit zu einem anderen Lande stehen kann, allein mit dem Worte Kolonie verbindet man gewöhnlich in erster Linie den Begriff der Abhängigkeit vom Mutterlande zum Vortheil und Nutzen desselben.

Die Kolonie soll dem Mutterlande keine Kosten und Lasten bezüglich ihrer Verwaltung aufbürden, für ihre Administration nicht den Säckel des Steuerzahlers in der Heimath in Anspruch nehmen. Im Gegentheil, die Kolonie soll, das ist die erste Bedingung, fähig sein, die Kosten für ihre Verwaltung aus ihren eigenen, entweder schon vorhandenen oder noch zu öffnenden Einnahmequellen zu bestreiten. Das ist ein indirecter Vortheil. Der directe Vortheil und Nutzen soll der sein, daß die Kolonie bezüglich der Befriedigung ihres Bedarfes an industriellen Erzeugnissen auf das Mutterland angewiesen sei. Die Erfahrung lehrt uns, daß Kolonien, wenn sie in sich erstarken, nur gar zu geneigt sind, ihre Rohproducte dahin abzusetzen, wo es ihnen am bequemsten ist und ihre Industriewaaren auf den nächstliegenden Märkten zu beschaffen, wodurch, wie schon vorher be=

merkt, die Kolonie das Mutterland nur als Absatzgebiet benutzt und seinem Handel Concurrenz macht. So gerechtfertigt dies bei einem gewissen Stadium der Entwickelung der Kolonie sein mag, so gerechtfertigt ist es aber auch, wenn das Mutterland verlangt, zunächst selbst für seine eigenen Industrieerzeugnisse in der Kolonie Absatz zu finden. Von diesem Gesichtspunkt ausgehend, müssen wir auch zunächst unsere Schritte einrichten. Der Zeitpunkt, wo die Kolonie sich eine gewisse Unabhängigkeit zu sichern strebt, kommt bald genug, bis er aber kommt, halten wir an dem Grundsatz fest, daß wir eine Kolonie nur unseres eigenen Vortheils willen schaffen, und daß sie zu diesem Zweck zwei Bedingungen erfüllen muß, deren Tragweite wir eben geschildert haben, und welche dem Lande erst den Werth geben, welcher für uns Veranlassung sein kann, es als Kolonie zu behalten. Sie können in folgendem kurzen Satze zusammengefaßt werden: Eine Kolonie muß vom Mutterlande materiell unabhängig, dagegen wirthschaftlich abhängig sein.

Ich glaube nun die Gesichtspunkte vorgeführt zu haben, welche für uns leitend sein müssen bei den praktischen Arbeiten, welche unsere Kolonie ins Leben rufen, und sich sogleich vor dem geistigen Auge des Lesers entwickeln sollen. Da aber auf den im Vorhergehenden entwickelten Grundsätzen der ganze Erfolg unserer Kolonisation beruht, so will ich in kurzen Worten und zur besseren Uebersicht noch einmal die Hauptideen neben einander stellen. Wir müssen erstens die Basis unserer Kolonisation in einer Gegend suchen, deren physikasche Beschaffenheit die größtmögliche Aussicht auf Entwickelung in der Richtung von Osten nach Westen bietet und uns soweit, als dies in Afrika möglich ist, zunächst der Nothwendigkeit überhebt, künstliche Verkehrswege anzulegen.

Diese Bedingungen erfüllt, wie wir gesehen haben, der Rufidji=Fluß mit dem zu seinem Systme gehörigen Ulangagebiet.

Wir werden uns zweitens hauptsächlich mit Betriebskolonisation befassen müssen, weil sie dem Klima des Landes am besten entspricht.

Wir werden drittens unserer ganzen Kolonie kommerciellen Character zu geben und administrative Maßnahmen nur so weit einzuführen haben, als sie das kommercielle Gedeihen des Unternehmens fördern, wobei zu berücksichtigen ist, daß solche Maßnahmen den Bedürfnissen des Landes angepaßt, aus seinen Sitten und Gewohnheiten entspringen müssen, diesen nicht aufgepfropft sein dürfen.

Viertens und letztens wird es unsere Hauptaufgabe sein, unter allen Umständen dahin zu streben, die Kolonie in einen Zustand zu versetzen, welcher sie zu einem werthvollen Besitz des Mutterlandes, d. h. sie materiell unabhängig, wirthschaftlich abhängig von demselben gestattet.

Das sind die Ziele welche wir zu erreichen haben und welche wir mit den uns sie Gebote stehenden Mitteln bei unseren Lebenszeiten erreichen können. Sind sie erreicht, so besteht die Kolonie und unsere Aufgabe ist erfüllt. Für die Weiterentwickelung mögen die sorgen, welche nach uns kommen, schaffen wollen wir, mögen unsere Nachkommen erhalten.

Capitel II.

Anlage von Stationen. — Deren Zweck. — Kulturobject entscheidend bei Wahl der Stationen. — Afrikanischer Boden. — Sclavenarbeit in Brasilien. — Mittlere Erhebung Afrikas. — Verwittertes Urgestein. — Dünger. — Qualität des Tabaks. — Selbstunterhalt der Station. — Ineinandergreifen des Wirkungskreises der Stationen. — Baulichkeiten. — Bemannung. — Verwaltung — Sitz derselben. — Eintheilung in Distrikte. — Verwaltungsbeamte. — Einfache Basis. — Divergirendes System.

Die praktischen zur Kolonisation erforderlichen Arbeiten, welche wir nunmehr erörtern wollen, werden mit der Errichtung von Stationen beginnen.

Bei deren Anlage müssen wir uns in allererster Linie vollkommen klar darüber sein, was wir mit diesen bezwecken. Es ist natürlich, daß eine Militairstation anders organisirt, an anderen Stellen angelegt werden wird, als eine Handelsstation; diese wieder wird sich wesentlich von einer Station unterscheiden, auf welcher hauptsächlich Plantagenbau getrieben werden soll. Wir haben nun schon dargethan, daß gerade diese letztere Aufgabe unseren Stationen hauptsächlich zufallen wird, da administrative Maßnahmen erst später in Betracht kommen.

Unsere erste Station wird also in einer Plantage bestehen, durch welche der erste Schritt zur pecuniär-vortheilhaften Nutzbarmachung des Landes gethan wird, welche aber mit der Zeit ein Kulturcentrum werden soll, dessen civilisirender Einfluß nach allen Richtungen radirt.

Außerdem aber wird auch das Kulturobject die Wahl

des Punktes, an welchem wir unsere erste Station anlegen, wesentlich beeinflussen. Nach dem früher Gesagten wissen wir, daß wir diesen Punkt in der Nähe des Rufidji zu suchen haben, das Kulturobject wird entscheidend dafür sein, ob wir in unmittelbarer Nähe des Flusses, ob höher auf den Hügeln uns ansiedeln. Cacao verlangt viel Feuchtigkeit, Baumwolle reichen Boden und die Möglichkeit der Bewässerung. Kaffee will vor Winden geschützt und in höher gelegener Gegend angebaut sein. Tabak erfordert, um Ernten erster Qualität zu geben, Waldboden mit starker Humusschicht. Wie ich schon früher erwähnt, bieten uns Baumwolle und Tabak die meiste Aussicht auf baldige Rentabilität. Mit diesen beiden Producten sollte man den Anfang machen. Beide kommen indigen vor und beanspruchen weniger Maschinerie und künstliche Behandlung als manche andere Producte. Es sei mir hier gestattet, etwas abzuschweifen und einige Worte über afrikanischen Boden zu sagen.

Man scheint allgemein der Ansicht zu sein, daß tropische Erde ganz eigenthümliche Eigenschaft in Bezug auf Productivität besitzt. Man erwartet fast, daß es genügt, den Samen auf den bloßen unbestellten Boden zu streuen, um nun die kräftigsten Ernten sprießen zu sehen. Diese Ansichten stammen wol noch von den Beschreibungen, welche wir früher von Brasilien, überhaupt West=Indien zu lesen pflegten, deren Fruchtbarkeit so groß war, daß Zuckerpflanzer und andere Plantagenbesitzer innerhalb weniger Jahre große Reichthümer erlangten. Man vergißt aber ganz, daß jener Boden zum großen Theil uraltes Alluv oder verwitterte Laven sind, also unter allen Bodenarten die fruchtbarsten. Aber selbst auf den Boden allein ist das schnelle Reichwerden jener Pflanzer nicht zurückzuführen, sondern auf die Handelsverhältnisse, welche es damals möglich machten, auf die Producte jener Gegenden einen hohen Protectionszoll zu legen, so daß die Producenten anderer Länder nicht concurriren konnten. Ferner streuten jene Pflanzer den Samen auch nicht auf unbestellten Boden, sondern bearbeiteten den Boden sorgfältig, wobei ihnen allerdings die billige (Sclaven) Arbeit wieder zu Gute kam. In Afrika liegen die Verhältnisse anders. Wer 15 bis 20 Fuß tiefe Humusschichten suchen will, welche Generationen lang ausgebeutet werden können, der gehe nicht nach Afrika. Eigentlicher Humus findet sich nur selten dort und auch Alluv=Deposite sind nicht von der Art wie in Amerika vorhanden. Die Ursache liegt wol in der bedeutenden Höhe Afrikas, welches ohne auch nur annähernd solche Gebirge wie Asien zu besitzen doch dieselbe mittlere Erhebung hat. Seine Flüsse haben aus diesem Grunde alle ein verhältnißmäßig großes Gefälle und können daher nicht den mitgeführten Schlamm über so weite Districte ablagern wie amerikanische Flüsse es thun. Hierin ist auch der Grund zu finden, daß so wenige afrikanische Flüsse auf größere Strecken schiffbar sind. Auch fruchtbare verwitterte Laven finden wir nur ausnahmsweise in Afrika. Das ganze für uns in Betracht kommende Gebiet hat nur mit wenig Ausnahmen verwittertes Urgestein aufzuweisen, und nirgends liegt die bestellbare Bodenschicht so mächtig, daß man wie im Mississippi=Gebiete denselben Boden auf Generationen hinaus mit demselben Product bebauen kann, ohne seine Fruchtbarkeit zu erschöpfen. Eingehende Erörterung über die Beschaffenheit afrikanischen Bodens liegt außerhalb des Rahmens dieser Schrift. Ich will nur aus dem Gesagten einen Schluß ziehen auf die Art der Bestellung, welche wir in Afrika werden befolgen müssen, und darauf hindeuten, daß wir unsere Erwartungen bezüglich der zu erreichenden Resultate nicht zu hoch spannen dürfen. Es liegt durchaus kein Grund vor, warum wir nicht sehr gute Resultate erzielen sollen, denn wenn auch keine Amazonenstrom oder Mississippiablagerungen vorhanden sind, so bildet doch der verwitterte Gneis immer noch einen Boden, welcher das Bebauen reichlich lohnen wird, wenn wir auch gezwungen sein werden, ihn gut zu bestellen und vor allen Dingen auch im tropischen Boden das Arcanum aller Landwirthe, Dünger, anzuwenden. Tabak wird diesen gewiß erfordern, und wenn wir selbst dann noch nicht im Stande sein sollten, ein Deckblatt zu erzielen, wie es Sumatra oder Havannah uns liefert, so liegt darin noch nicht der Beweis, daß das Land als Kolonie werthlos ist, es genügt schon, etwas Gutes zu liefern, das Beste kann nicht überall erreicht werden. So werden wir, wenn auch vielleicht kein Deckblatt erster Sorte, doch einen guten, unser Unternehmen jedenfalls rentirend machenden Tabak ziehen können. Von dem Kulturobject, sei es Tabak, Baumwolle oder irgend etwas anderes, wird nun die Wahl des Punktes abhängig sein, an welchem die Station entstehen soll. Allein, wenn es auch deren Aufgabe ist, dieses Product in größter und bestmöglicher Qualität zu liefern, so darf doch niemals vergessen werden, daß es eine ebenso wichtige Aufgabe der Station ist, das Kulturobject zu einem Preise zu produciren, welcher es auf dem Weltmarkte concurrenzfähig macht. Zu diesem Zwecke muß die Station billig arbeiten und anstatt auf den theueren Unterhalt durch europäische präservirte Lebensmittel angewiesen zu sein, sich selbst unterhalten. Sie muß daher Lebensmittel selbst in solcher Menge produciren, daß der Bedarf für Europäer und Eingeborene der Bemannung gedeckt ist. Nur wo von den Eingeborenen Nahrungsmittel billiger erstanden werden können als die Station sie produciren kann, soll man von dem Anbau derselben abstehen, wobei noch zu bedenken ist, daß man, wenn man auf die Eingeborenen für Nahrungsmittel angewiesen ist, immer in eine mehr oder minder abhängige Lage von diesen kommt. Es wird sich also empfehlen, um unter allen Umständen in Bezug auf Nahrungsmittel von Europa und den Eingeborenen vollständig unabhängig zu sein, eine Station so anzulegen, daß die Möglichkeit der Bewässerung vorhanden ist. Diese ist nicht allein in trockenen Jahren, sondern in jeder trockenen Jahreszeit nothwendig, wie ja überhaupt genügende Bewässerung und entsprechende Entwässerung ein wichtiger Factor auch für den afrikanischen Ackerbau ist. Zur Bewässerung kann jeder kleine Bach benutzt werden, wenn man ihn nach südafrikanischer Art, mittelst sogenannter Wasserfurchen über einen Theil der Felder leitet. Die Nähe stehender Gewässer ist dagegen aus Gesundheitsrücksichten zu vermeiden.

Mit der Anlage einer einzelnen Station ist allerdings noch keine Kolonie gegründet.

Nach dem über die Entwickelungsrichtung unserer Kolonisation Gesagten wird daher die nächste Station westlich von der ersten anzulegen sein.

Ob diese wiederum dasselbe Product als die erste bauen soll, ist selbstredend von jeweiligen Absichten der Unternehmer abhängig und lassen sich Regeln hierfür nicht aufstellen. Ja es ist sogar fraglich, ob es nicht zweckmäßig wäre, eine besondere Station nur für den Anbau von Nahrungsmitteln, wie Bataten=, Matama=, Manioca=Reis 2c., anzulegen und von hier aus die anderen Stationen zu versehen. Es würde dies vor Zersplitterung der Kräfte auf den einzelnen Stationen bewahren, wo der Leiter leicht in die Lage kommen kann, sich fragen zu müssen, ob er nicht zeitweilig den Bau des Handelsproductes zu Gunsten der Nahrungsmittel vernachlässigen soll. Bei den sich so rapide und unvorhergesehen ändernden Verhältnissen Afrika's ist dieser Fall durchaus nicht ausgeschlossen und kann z. B. durch eine plötzliche Verminderung der Arbeitskräfte hervorgerufen werden. Da wir nun einen Fluß als unsere Operationsbasis gewählt haben, so wird uns der Versand der Nahrungsmittel von einer

Station zur anderen nicht schwer fallen, ober zu große Kosten verursachen.

Bei Anlage von Stationen ist nun noch ein Punkt hervorzuheben, welcher besonderer Berücksichtigung bedarf. Es ist das Ineinandergreifen ihrer Wirkungskreise.

Zu diesem Zwecke dürfen vor allen Dingen die Stationen nicht zu weit von einander entfernt sein, was schon deßhalb ein Fehler ist, weil große Entfernung von einander die Intercommunication erschwert und vertheuert.

Was ich unter dem Ineinandergreifen der Wirkungskreise verstanden wissen will, erklärt vielleicht ein Beispiel deutlicher als die genauste Auseinandersetzung. Wollten z. B. alle Stationen in demselben District Tabak bauen, so würde um die Zeit der Ernte unter den Stationen selbst eine Art Concurrenz wegen Beschaffung der nöthigen Arbeiter entstehen, während zu einer andern Jahreszeit gleichzeitig auf allen Stationen eine Pause in der Arbeit eintreten würde. Liegen indessen die Stationen einander so nahe, daß der Leiter der einen ziemlich informirt bleiben kann über das, was auf der andern vorgeht, so werden die Stationen im Stande sein, sich z. B. in der Weise zu ergänzen, daß während der ruhigen Zeit auf der einen Station die Arbeiter von dieser auf die andere gehen, um bei den hier vielleicht gerade dringenden Arbeiten behülflich zu sein. Ferner muß ein solches Ineinandergreifen der Entwickelung des ganzen Kolonisationsunternehmens auch in sofern dienlich sein, als dann jede vorgeschobene Station nicht lediglich auf sich selbst angewiesen ist, sondern an der hinteren einen Rückhalt hat, welche wieder von der hinteren gestützt, was in dieser Weise bis zur Küste fortgesetzt werden kann.

Die Baulichkeiten auf den Stationen richten sich durchaus nach dem Objekt, dessen Kultur jeder einzelnen derselben obliegt. Tabak wird große Schuppen erfordern, Kaffee große Trockenräume; jedes Product erfordert Baulichkeiten besonderer

Art. Alle Gebäude aber, sowol die für die Aufbewahrungs= räume als für Wohnhäuser bestimmten, sollten aus dem Material gebaut sein, welches das Land selbst liefert. Jeden= falls sollte diese Regel für den Anfang gelten und zwar aus Billigkeitsrücksichten. Gebäude aus gebrannten Ziegeln oder aus Stein zu errichten, ist in Afrika weit theurer als in Europa. In dem auf Tabakplantagen wol eintretenden Falle, daß die Leitung und damit die Gebäude an eine neue Stelle gelegt werden müssen, wäre es ein großer Verlust, ein theueres Wohnhaus aufzugeben, um mit einem einfachen für= lieb zu nehmen, wenn man die Mittel nicht hat oder an= wenden will, abermals nun kostbare Wohnhäuser aufzuführen. Auch gesundheitlich sind leichte luftige Häuser, z. B. aus Bambus hergestellt, solchen aus Lehm oder Ziegeln weit vorzuziehen. Das Ziehen von Gräben um die Wohnhäuser ist unter allen Umständen zu vermeiden. Wo eine Ent= wässerung nöthig ist, soll man überhaupt nicht hinbauen, sonst wird ein Graben nur dazu dienen, Wasser anzusammeln, welches, sobald es still steht, sofort zu einem Brutherd für Frösche und Fieber wird. Zum Schutze sind solche Gräben durchaus nicht erforderlich. Erstens wird man Plantagen nicht da anlegen, wo durch wilde Bevölkerung deren Existenz gefährdet ist, zweitens ist die Bevölkerung des hier zu= nächst in Betracht kommenden Theiles von Afrika durchgängig eine friedliche. Drittens, wäre es dennoch nöthig Schutz= mittel anzuwenden, so ist eine sogenannte Boma, d. h. ein Palissadenzaun die geeignetste Vorrichtung, welche keine ge= sundheitschädlichen Folgen hat.

Ein Gegenstand, der viel Ueberlegung und Vorsicht er= fordert, ist die Bemannung der einzelnen Stationen. Im Allgemeinen, wie wir ja gesehen haben, liegt die Hauptauf= gabe der Station im Plantagenbau. Um diesen mit Erfolg zu betreiben, müssen natürlich solche Leute damit betraut werden, von denen man erwarten kann, daß sie, wenn sie auch nicht sogleich die praktische Erfahrung mitbringen, doch im Stande sein werden, sich diese auf Grund anderweitiger ähnlicher Kenntnisse rasch anzueignen. Man wird daher gut thun, den Stationsvorsteher nicht aus den Kreisen des Militärs, der Gelehrten, der Techniker zu suchen; ihre Kunst oder ihr Wissen ist hier kaum zu verwerthen, so nützlich es unter anderen Umständen ist. Der Landwirth wird hier eher am Platze sein, doch gilt es hier eine alte Erfahrung zu berücksichtigen, welche z. B. in Südafrika allgemein gültig ist. Landwirthe und sogenannte Inspectoren sind meist, und wol auch mit Recht, stolz auf den Erfolg, den sie dem Befolgen der einen oder anderen landwirthschaftlichen Methode verdanken und daher geneigt, solche Methoden und entsprechende Anschauungen in das neue Gebiet zu übertragen, anstatt sich durch die neuen Verhältnisse belehren zu lassen. In Afrika will aber so Vieles neu gelernt sein, daß es nicht allein bei staatlichen Maßnahmen, sondern auch bei kommerciellen Unternehmungen jedweder Art, Regel sein muß, die Ausführung, den obwaltenden Umständen anzupassen. Die Stationsvorsteher würde ich daher vorschlagen, unter den sogenannten Kunstgärtnern zu wählen, d. h., unter Leuten, deren Beruf sie schon daran gewöhnt hat, die Eigenart jeder Pflanze zu studiren und zu berücksichtigen, anstatt deren Anbau schematisch zu betreiben. Jede Station sollte einen solchen Mann zum Leiter haben, welchem dann eine Anzahl Gärtnergehülfen zur Seite stehen könnten. Ihre Zahl würde natürlich von der Ausdehnung der Station und der auf dieser zu verrichtenden Arbeit abhängig sein.

Soviel über die technische Leitung der Stationen. Anders gestaltet sich die Frage der Verwaltung des ganzen Unternehmens, welche wir hier kurz erörtern wollen. Wir haben schon früher gesehen, daß ein Individuum, selbst wenn es bedeutende Fähigkeiten besitzt, nicht eine Thätigkeit in zweierlei Richtung ausüben kann, ohne die Gründlichkeit seiner Arbeit in wenigstens einer Richtung zu beeinträchtigen. Es wird daher der Leiter eines technischen Unternehmens nicht auch zugleich an der Spitze einer organisirenden Verwaltung stehen können. Da wir von vornherein davon abgesehen haben, unsere neuen Besitzungen zu „regieren", sondern nur beabsichtigen, solche Maßregeln durchzuführen, welche für das finanzielle Gedeihen des Unternehmens unerläßlich sind, so wird sich die Thätigkeit der Verwaltung nur darauf beschränken, die Ausführung der getroffenen Anordnungen zu überwachen und sonst nur darauf zu achten haben, daß die Stationen in dem Sinne angelegt werden und sich entwickeln, wie dies in dem darüber Gesagten angedeutet wurde. Die Controle des Finanzwesens und der Stationsvorsteher sowie die Communication mit der Direction in Europa wird der Verwaltung selbstredend obliegen. Der in unseren Gebieten zu betreibende Handel wird von ihr zu überwachen und die Arbeiterverhältnisse zu reguliren sein. Welche Specialaufgaben aus letzteren Pflichten hervorgehen, wird sich von selbst ergeben, wenn wir die Arbeiterfrage erörtern werden. Die einzelnen Maßnahmen müssen jedem Einzelfall angepaßt sein. Allgemeine Regeln darüber lassen sich nicht aufstellen, besonders deßhalb nicht, weil eine Regel, welche heute gut war, auf die sich immer rapide ändernden Verhältnisse morgen schon nicht mehr anwendbar sein mag.

Es ergiebt sich nun von selbst, daß eine Verwaltung auch dem Punkte nahe sein muß, an welchem ihre Thätigkeit zur Geltung kommen soll. Ganz besonders bringend ist dies nöthig, wo, wie in Afrika, Verhältnisse während einer Nacht sich umgestalten und deßhalb plötzlich eine andere Art der Behandlung erfordern können, als im ersten Augenblick bestimmt war. Es ist deßhalb dringend erforderlich, die Ver=

waltung in die Gegend selbst zu legen, für welche sie bestimmt ist.

Selbst Zanzibar, obwol nahe der Küste, ist viel zu weit von dem Schauplatz unserer Thätigkeit entfernt, um ein für den Sitz der Centralleitung günstiger Punkt zu sein. Es wird sich deßhalb auch mit der Zeit zweckmäßig erweisen, das Arbeitsfeld auf dem Continent von Afrika in Distrikte zu theilen, welchem jeden ein oberster Verwaltungsbeamter vorsteht. Ja, hat das Unternehmen erst an Umfang gewonnen, so wird man jeden dieser Distrikte wieder in Unterabtheilungen mit Verwaltungsbeamten zweiter Classe zerlegen müssen. In Zanzibar wird es sich empfehlen, nur eine kaufmännische Vertretung zu haben, welche nur die von den obersten Verwaltungsbeamten aus dem Innern kommenden Aufträge ausführt. Wenden wir durch ein Beispiel das Gesagte wieder auf unser Unternehmen an, so würde das Rufidji-Gebiet ein solcher Distrikt sein, in welchem eine Anzahl von Stationen unter je einem technischen Leiter stünden, während ein oberster Verwaltungsbeamter die Arbeit sämmtlicher Stationen dirigirte, deren Verbindung mit der Außenwelt aufrecht hielte, die zur Beschaffung der Arbeiter nöthigen Schritte thäte, etwaige Taxen einzöge ꝛc. und, um stets mit allen Vorgängen auf seinen Stationen bekannt zu sein, von seiner Station aus die übrigen regelmäßig bereiste und controllirte. Entwickelten sich unsere Stationen bis an den Ulanga oder oberen Rufidji, so wäre hier ein zweiter Distrikt unter einem zweiten obersten Verwaltungsbeamten zu errichten. Jeder dieser Beamten stünde unter der Direction in Berlin und wäre nur für seinen Distrikt verantwortlich. Hier tritt wieder in den Vordergrund, was über das Ineinandergreifen des Wirkungskreises der einzelnen Stationen gesagt wurde, durch welches den Verwaltungsbeamten ihre Aufgabe wesentlich erleichtert und eine einheitliche Entwickelung des ganzen Unternehmens ermöglicht wird.

Wird es auch leicht genug sein, technische Leiter für unsere Stationen unter den Kunstgärtnern unserer Heimath zu finden, so dürften sich doch Schwierigkeiten bieten, die geeigneten Personen zur Besetzung der Stellen der Verwaltungs=beamten zu finden. Wie ich schon wiederholt gesagt habe und nicht scharf genug betonen kann, handelt es sich nicht darum, ein fertiges eingelerntes System der Verwaltung zu importiren und schablonenmäßig anzuwenden, sondern dieses muß aus den Verhältnissen hervorgehen. Daher ist auch der im Gebiet europäischer Verwaltung Alles übertreffende preußische Verwaltungsbeamte hier nicht am Platze. Versteht er preußische Verwaltung vollkommen, so ist sie eben durch lange Routine erlernt und der Betreffende dann meist schon in einem Alter, in welchen man sich ungern neuen Ver=hältnissen accommodirt. Hierher gehören ganz originelle Kräfte und es wäre z. B. durchaus rathsam, geeignete Personen aus anderen Kolonien, z. B. dem nahen und den Verhältnissen nach ganz verwandten Natal, herbeizuziehen. Trotzdem bleibt die Wahl der geeigneten Personen eine schwierige, da nicht jeder, der einmal in einer Kolonie sich aufgehalten hat, nun selbstverständlich die nöthige Erfahrung besitzt. Eine gute Kraft findet auch in anderen Kolonien Beschäftigung und dürfte schwerlich geneigt sein, sich in neuen unfertigen Ver=hältnissen zu versuchen. Schließlich werden wir auch lieber unsere Landsleute als Fremde anstellen. Wie jedes Ding Weile haben will, so werden auch wir uns unsere Kräfte erst heranziehen müssen. Ist es doch durchaus nicht ausge=schlossen, daß unter den Stationsvorstehern sich Leute von größerer Capacität finden werden, welche sich so in die Ver=hältnisse hineinarbeiten, daß ihnen später die Verwaltung eines Distriktes übertragen werden kann.

Aus dem Gesagten läßt sich ein Schluß ziehen, welcher wieder eine für unser Unternehmen sehr gewichtige Lehre enthält.

Wenn wir auf Schwierigkeiten stoßen bezüglich der Herbeiziehung geeigneter Kräfte für die Verwaltung, ja solche vielleicht selbst erst erziehen müssen, so folgt, daß man den Kreis, welcher der Verwaltung bedarf, nur allmählich wird ausdehnen dürfen, um durch Uebereilung nicht in Fehler zu fallen, welche vielleicht schwer wieder gut zu machen sind. Dies gilt hauptsächlich in Bezug auf die Anordnungen, welche man betreffs der Heranziehung der Eingeborenen zur Arbeit wird zu erlassen haben.

Ist, wie wir gesehen haben, das Ineinandergreifen der Wirkungskreise der Stationen von Wichtigkeit, so ergiebt sich, daß man, um die Ueberficht über die in Arbeit genommenen Strecken nicht zu verlieren und seine Kräfte nicht zu zersplittern, der leichteren Verbindung der Stationen unter einander und mit der Außenwelt halber, sowie auch aus Billigkeitsrücksichten von einer Basis ausgehend, sich auf dieser fortbewegt, in der Richtung, welche uns die Natur selbst vorschreibt, d. i. von Ost nach West. Ich möchte den letzteren Grundsatz so ausdrücken, „für Ost-Afrika ist ein divergirendes nicht ein convergirendes System der Kolonisationsarbeiten das passende."

Bei ersterem sind wir gezwungen unsere Kräfte über weite Räume zu zertheilen um sie später an einem Punkte zu vereinigen. Grade in der Zeit, wo wir lernen sollen, zersplittern wir unsere Kräfte. Bei letzterem concentriren wir alle Kräfte auf einen Punkt, von welchem aus ein Vorstoß nach beliebiger, wenn richtig erkannter Richtung, leicht ist.

Das vorstehend über Stationen und deren Anlage Gesagte erleidet natürlich sogleich Modificationen, wenn denselben specielle, wie z. B. militärische Aufgaben zufallen sollten, was wir vor der Hand für gänzlich ausgeschlossen halten. In einem solchen Falle würden die Leiter selbstredend Militairs, die Baulichkeiten für Vertheidigung eingerichtet sein müssen.

Wissenschaftliche Stationen, welche gewiß sehr empfehlenswerth vom Standpunkte der Rentabilität, aber anfänglich sehr wenig nutzbringend sein dürften, würden natürlich ebenfalls in manchen Richtungen anderen Bedingungen als den vorhergenannten unterworfen sein.

Capitel III.

Werth der Kolonie für das Mutterland. — Producte. — Elfenbein. — Eisenbahn. — Handelscentren. — Zölle. — Unausführbarkeit der Zollerhebung. — Mitarbeit des Negers. — Der Sultan. — Sperrung der Caravanenstraßen.

Wir haben die Kolonie bisher nur unter dem Gesichtspunkte des Productionsgebietes von Rohstoffen betrachtet. Es ist ja zweifellos, daß dem Mutterlande, indem die Kolonie eine Anzahl tropischer Producte hervorbringt, große Summen erspart bleiben, welche es früher für den Ankauf dieser Producte an andere Nationen ausgeben mußte. Allein dies ist doch nur ein indirecter Vortheil. Wir haben aber deutlich ausgesprochen, daß die Kolonie in erster Linie lediglich wegen des directen materiellen Vortheils, welchen das Mutterland von ihr beziehen soll, für dieses Werth hat. Dieser kann für das Mutterland nur entstehen, indem entweder, wie z. B. aus Java, directe Abgaben an Geld oder Geldeswerth aus der Kolonie dahin abgehen, oder dadurch, daß in der Kolonie Nachfrage nach solchen Dingen entsteht, welche das Mutterland in großer Menge besitzt, daher mit Profit abgeben kann. Dies werden natürlich meist Industrieerzeugnisse sein, für welche die Kolonie ein neues Absatzgebiet liefern soll, wodurch Handel und Industrie des Mutterlandes gehoben, ihm also direkte materielle Vortheile zugeführt werden. Es handelt sich nun darum, das ganze koloniale Gebiet zum Absatzgebiet für nur mutterländische Industrieerzeugnisse zu gestalten, d. h. die

Kolonie in wirthschaftliche Abhängigkeit vom Mutterlande zu bringen.

Dies ist nur auf dem Wege des Handels möglich. Es ist natürlich ausgeschlossen, daß wir in dem Absatz der wenigen Conserven, Kleidungsstücke, welche die wenigen in Afrika operirenden Europäer bedürfen, einen Aufschwung unseres Handels erblicken wollen.

Eine der beiden genannten Eventualitäten, die Entrichtung von Abgaben, oder die Eröffnung eines Absatzgebietes muß jedenfalls stattfinden, wenn dem Mutterlande directe materielle Vortheile aus dem Besitz der Kolonie zufließen sollen.

Wir machen nun eine wunderbare Entdeckung, wenn wir unsere afrikanischen Besitzungen bezüglich des Vorkommens solcher Dinge prüfen, welche in situ vorhanden, nur des Transportes bedürfen, um auf dem Weltmarkte Geld oder Geldeswerth zu repräsentiren. Edelmetalle sind bisher noch nicht entdeckt und scheint wenig Aussicht für das Vorkommen solcher verhanden zu sein.

Mit Rohproducten aus dem Gebiete des Pflanzen- oder Thierreiches hat es ebenfalls eine eigene Bewandtniß.

Die unermeßlichen Schätze, welche in dem Inneren Afrika's verborgen liegen und des Erlösers harren sollen, scheinen sich, je weiter der Entdecker vorschreitet, je tiefer in das Herz des Landes zurückzuziehen.

Woraus sollen sie auch bestehen? Kaum einer, welcher von ihrem Vorhandensein träumt, wird diese Frage beantworten können. Treten wir ihr aber näher; Elfenbein, welches allerdings ein überall Geldwerth repräsentirender Artikel ist, wird nur noch tief im Innern gefunden und ist so im Abnehmen begriffen, daß es ein unverantwortliches Unternehmen wäre, auf seine Gewinnung hin Kolonien anlegen zu wollen. Es ist kaum zweifelhaft, daß der Elephant, wenn man mit seiner Ausrottung in der jetzt betriebenen Weise fortfährt, innerhalb, man darf sagen absehbarer Zeit, aus Afrika verschwunden sein wird. Es geht uns gar nicht einmal alles vorhandene Elfenbein zu, sondern es participiren daran der Congostaat im Westen, Egypten im Norden, und im Süden Portugal. Der Elfenbeinhandel wird also, wie die Verhältnisse liegen, nur noch auf beschränkte Dauer Profit abwerfen.

Andere Producte, deren Export direkte materielle Vortheile bringen könnte, sind nicht in solcher Menge vorhanden, daß sie den Weltmarkt wesentlich beeinflussen könnten, oder sind wenigstens nicht unmittelbar für uns als Abgabe an das Mutterland beschaffbar. Die hauptsächlichsten, weil am häufigsten vorkommenden, sind Kautschuk, Copal, Orseille und Pfeffer. Aber auch diese mit Ausnahme des letzteren sind bereits nicht mehr so häufig als früher, da sie stark ausgebeutet werden und die Schwarzen nicht für den Nachwuchs Sorge tragen.

Dieser Mangel an direkt verwerthbaren Rohprodukten und deren zerstreutes Vorkommen in den ostafrikanischen Gebieten, sowie der Raubbau, welcher mit ihnen betrieben wird, läßt auch das oft ventilirte Project einer Eisenbahn zunächst kaum zweckmäßig erscheinen. Wenn keine derartigen Producte in großen Mengen vorhanden sind, was soll die Eisenbahn befördern? In Europa baut man Eisenbahnen, um kommerciell wichtige Punkte mit einander zu verbinden und um den Personen- sowie Güterverkehr zu erleichtern. Dabei geschieht allerdings fast jedesmal, daß Districte, welche bisher verhältnißmäßig dünn bewohnt waren, nun in einer oder der andern Richtung produktiv werden. Daß dies in Afrika übermäßig der Fall sein würde, ist ein Trugschluß. Um ähnliche Wirkungen zu erzielen, müßten ähnliche Ursachen vorhanden sein; in Ländern mit dichter Bevölkerung, werden geringe Vortheile bezüglich Production und Absatz, welche ein Ort vor dem andern besitzt, sofort Gegenstand lebhafter Ausbeutung werden, besonders da, wo keine klimatischen Schwierigkeiten hindernd im Wege stehen. Wir wissen aber, daß in Afrika Besiedelungskolonisation nicht stattfinden kann, also Ansiedelungen von Europäern an der Bahnlinie nicht entstehen werden. Der Schwarze allein aber wird durch keine Eisenbahn bewogen werden, seinen Wohnsitz freiwillig zu verlassen und sich in der Nähe der Bahn anzusiedeln. Wir wissen ferner, daß große Handelscentren, welche einer Bahn Aussicht auf Rentabilität eröffnen könnten, ebenfalls nicht im Innern vorhanden sind und zwar, wie schon gesagt, weil Produkte nicht in genügender Menge vorkommen und die vorhandenen nicht an irgend welchem bestimmten Punkt zusammenfließen. Nach Tabora kommen hauptsächlich nur Sclaven und Elfenbein. Abgesehen von der Unzulässigkeit des Sclavenhandels vermag das letztere allein den Bau einer Eisenbahn nicht zu rechtfertigen. Ob das Zusammenfließen an dem Terminus einer Bahn stattfinden würde, ist die Frage, jedenfalls dürfte man es nur erwarten, wenn man genauer wüßte, daß rentable Producte in genügender Menge sich würden beschaffen lassen. Dies aber zu präsumiren und darauf hin eine Bahn zu bauen, dürfte doch eine mehr kühne als rentable Speculation sein. Noch ein Bedenken möchte ich erwähnen. Die Eisenbahn kann doch nur durch die Arbeit von Eingeborenen hergestellt werden. Also müßten doch diese, wenn man nicht fremde Arbeiter importirt, zur Arbeit herangezogen werden. Wenn das aber geschehen kann, warum verwenden wir nicht lieber gleich diese Arbeit zur Production von Dingen, welche uns die für die Arbeit ausgegebenen Summen wieder einbringt? Warum legen wir mit dieser Arbeit keine Plantagen an, statt sie auf ein Unternehmen zu verwenden, welches selbst wieder nur ein zweifelhaftes Mittel werden kann, die Rentabilität der Kolonie herbeizuführen? Der Hauptgrund aber, weshalb es kaum räthlich scheint, das Werk der Kolonisation mit dem Bau einer Bahn zu beginnen ist folgender. Wir sind uns klar darüber geworden, daß der Schwerpunkt unserer Kolonisation im Plantagenbetrieb liegt, und wir daher diejenigen Gegenden aufsuchen müssen, welche sich zu diesem Zwecke am besten eignen. Wir wissen ferner, daß unsere Entwickelungsrichtung von Osten nach Westen geht und daß wir am zweckmäßigsten mit einer Basis arbeitend, auf dieser fortschreiten. Verlassen wir nun die Wasserstraße, welche wir als unsere Basis wählen, um als solche eine Eisenbahn zu substituiren, so kommen wir in die Lage, unsere Plantagen in der Nähe dieser Bahn anlegen zu müssen, um doch überhaupt von ihr zu profitiren. Das heißt aber nur, in der Nähe der Bahn bauen, damit diese etwas zu transportiren erhält. Behalten wir aber den Fluß bei und bauen gleichzeitig eine Eisenbahn, so arbeiten wir auf zwei Basen, was nach jetziger Lage der Dinge Kosten verursachen würde, an deren Verzinsung aus den angeführten Gründen nicht gedacht werden könnte. Ich bin eben der Ansicht, daß die Zeit für Eisenbahnbauten noch nicht gekommen ist, daß man vielmehr den Rufidji vorläufig als einzige Basis benutzen muß. Man kann ihn und seinen Quellfluß Ulanga mit Dampfern bis weit in das Land befahren. Er berührt eine Gegend, in welcher Viehzucht, durch diesen Ochsenwagen=Verkehr möglich ist. Dieser sollte bis zu den Ufern des Nyassa sich erstrecken, welcher wieder von Dampfern befahren werden kann, um den Handelsverkehr mit den diesen See umwohnenden Stämmen zu vermitteln.

Noch ein Project möchte ich hier beleuchten, welches wol hier und da in Anregung gebracht wurde, um die Rentabilität des kolonisatorischen Unternehmens zu beschleunigen. Es ist die Erhebung von Zöllen von den Handelscaravanen der

Araber, Hindoos und Zanzibariten. So einfach nun dieses Project erscheinen mag, so leidet es gleichwol an zwei Nachtheilen. Erstens ist es eine staatliche Maßnahme, daher möglicher Weise verfrüht. Zweitens ist mit gewöhnlichen Mitteln das Project unausführbar.

Ob und wie eine solche Maßnahme den Verhältnissen entsprechen würde, werden wir bei der Erörterung ihrer Unausführbarkeit sehen.

Der Grund für diese ist in der Ausdehnung des Gebietes zu suchen, über welches sich die Thätigkeit der mit der Zollerhebung betrauten Verwaltung erstrecken müßte.

Es ist ganz falsch vorauszusetzen, daß man nur in Bagamoyo, Sabaani, Kilwa, oder welcher Ort es sein möge, Beamte zu stationiren habe, um von den durchziehenden Caravanen einen Durchgangszoll ad valorem der ein= oder ausgeführten Güter erheben zu können. Ich glaube gern, daß ein seit Jahren im Innern wohnender, mit den inzwischen neu gestalteten Verhältnissen unbekannter Araber, in der Bestürzung ein mal wol den Zoll bezahlen würde. Man muß aber nur den arabischen Charakter kennen, um zu wissen, mit welcher Schlauheit er es ganz gewiß vermeiden wird, den Zoll zum zweiten Mal zu entrichten. Es gehört ja auch thatsächlich weiter nichts dazu, als den Ort zu vermeiden an welchen, wenn die Caravane die See erreicht, der Zoll erhoben wird. Nichts ist leichter. Hat die afrikanische Küste auch verhältnißmäßig wenig Häfen, so sind doch hunderte von kleinen Schlupfwinkeln vorhanden, aus welchen Dhows auslaufen können. Der Caravanenführer hat nun nichts zu thun, als einen solchen Punkt zum Endziel seiner Reise aus dem Innern zu wählen und unter dem Schutz der Nacht mit seinen vorherbestellten Fahrzeugen auszulaufen. Niemand kann ihn hindern. Es ist falsch, zu glauben, daß die Caravanen durchaus darauf angewiesen sind, ganz be=

stimmte Straßen zu benutzen. Dies gilt für gewisse Gegenden im Inneren, wo Wasser selten und die Eingeborenen feindlich sind. An der dicht bewohnten Küste indessen, wo Lebensmittel im Ueberfluß vorhanden, liegt durchaus kein Grund vor, warum die Caravane nicht von der gewöhnlichen Marschroute abweichen sollte, wenn sie sich dadurch der Zollzahlung entziehen kann.

Ebenso wenig kann man sich auf die Eingeborenen als Mitarbeiter in dieser Richtung verlassen. Ihre angeborene Indolenz wird sie verhindern, Anzeige von der Ankunft einer Caravane zu machen. Sie könnten höchstens durch Bezahlung dazu veranlaßt werden, welche die Araber ebenfalls auch leisten können, um die Anzeige zu verhindern. Ferner unterschätze man ja nicht den arabischen Einfluß an der Küste.

Hat der Eingeborene auch allen Grund seinen arabischen Herrn zu hassen, so thut er doch aus alter Gewohnheit für ihn, was er dem Europäer verweigern würde. Ferner ist der Araber durch seine Sclaven so viel besser über die jeweiligen Bewegungen der Weißen unterrichtet, als diese über die der Araber, daß es selten möglich sein würde, die Caravane bei ihrem Eintreffen an der Küste abzufangen.

Auf die Mithülfe des Sultans von Zanzibar ist ebensowenig Verlaß. Er ist Araber und außerdem doch immer ein Mann, welcher durch das Eindringen der Europäer bedeutende Einbuße an Macht und Geld erlitten hat. Zahlten nun z. B. die Caravanen eine kleine Abgabe, so würde er doch sehr gegen sein eigenes Interesse handeln, wenn er sie nun an die europäischen Zollbeamten verriethe. Außerdem kann ihm doch niemals daran gelegen sein, die europäischen Eindringlinge durch seine Hülfe prosperiren zu sehen, welche ihn aller der Vortheile, die sie nun für sich selbst in Anspruch nehmen, beraubten.

Ebensowenig wäre mit Gewalt etwas auszurichten. Die

Caravanenstraßen sperren zu wollen, ist ein Unding, da, wie wir gesehen haben, die Straßen beliebig verlegt und so die Sperrpunkte jederzeit umgangen werden können. Außerdem aber wäre die Unterhaltung einer genügenden Macht nach europäischem Muster so außerordentlich kostspielig, daß sie mehr als die Summe verschlingen würde, welche durch die Zölle aufgebracht werden könnte. Ein ganz kurzes Rechenexempel wird meine Leser überzeugen. Nehmen wir an, man versuchte die drei Hauptstraßen, welche aus dem Inneren an die Küste führen, zu sperren, und legte an jeden Punkt, wo dies geschehen soll, je 100 Mann Besatzung, so würden diese, da sie unter 5 Dollar pro Monat und Mann nicht zu haben sind, 1500 Dollar pro Monat oder rund 18,000 Dollar, gleich 72,000 Mark, pro Jahr kosten. Hierzu kommt der noch nicht berechnete Lebensunterhalt der Leute, Anlagekosten des Unternehmens, Gehälter für Europäer etc. Gesetzt, diese drei Punkte und 300 Mann genügten nun, um von allen Caravanen Zoll zu erheben, so würde ein Zoll von 5% und eine Ausfuhr aus dem Inneren nach der Küste im Werthe von $1^1/_2$ Millionen Mark nöthig sein, nur um die Kosten der Zollerhebung zu decken. Die statistischen Angaben über Einfuhr von Producten aus dem Inneren nach Zanzibar sind zu unzuverlässig, als daß mit Sicherheit angegeben werden könnte, wie hoch sich der Werth der eingeführten Producte beläuft. Allein nach Aussagen von zuverlässigen Kaufleuten aus Zanzibar dürfte die Gesammteinfuhr diese Summe nicht sehr übersteigen. Bei alledem ist aber noch zu berücksichtigen, daß die Caravanen, denen es auf Zeit überhaupt nicht ankommt, ebenso leicht nach Westen oder Norden ziehen und ihr Elfenbein dort absetzen können, als für die Erlaubniß des Exportes an die europäischen Vorbringlinge an der Ostküste Zoll zu zahlen. Der Schluß ist auch nicht gerechtfertigt, daß, weil die Caravanen bisher dem

Sultan Abgaben zahlten, sie dieselben ohne weiteres den Europäern zahlen würden. Der Sultan besaß, was wir nicht besitzen, Macht über die Eigenthümer der Caravanen. Jeder derselben hat mehr oder weniger Eigenthum in Zanzibar. Hätte ein solcher nun Lust gezeigt, sich der Zollerhebung zu entziehen, so wäre der Sultan immer in der Lage gewesen, ihn anderweitig empfindlich zu schädigen, indem er Haus, Garten, Weib und Kind confiscirte. Hat der Sultan aber einmal seinen Anspruch auf Zollerhebung aufgegeben, und ist damit die Schädigung am Eigenthum in größere Ferne gerückt, so wird sich der arabische Händler sehr sträuben, einen, wenn auch vielleicht geringeren Zoll als den bisher an den Sultan gezahlten, dem Europäer abzugeben. Ferner muß man bedenken, daß man nicht mit logisch denkenden Menschen, sondern mit einer nur halbcivilisirten Race zu thun hat. Obwol sie zur Zeit ganz gewohnheitsmäßig dem Sultan eine Abgabe entrichten, so würde es von diesen wilden und mohammedanisch conservativen Menschenkindern als eine unerhörte Neuerung angesehen werden, diesen Zoll plötzlich an Europäer zahlen zu sollen. Unter den schwarzen Eingeborenen würde die Angelegenheit Gegenstand des Gesprächs und Ursache eines feindlichen Gefühles gegen die Europäer werden, indem die Eingeborenen natürlich in einer solchen Maßregel nur die Absicht erblicken würden, ihnen selbst den Erwerb der wenigen, ihr ganzes Bedürfniß ausmachenden Meter Kallico zu erschweren. Freilich um dies ganz zu würdigen, muß man die afrikanischen Verhältnisse wirklich kennen. Wir sehen also, daß die hier angedeuteten Maßnahmen nicht dazu führen, die Rentabilität der Kolonie zu begründen und somit auch nicht dahin, sie materiell unabhängig zu machen.

Capitel IV.

Der Neger der größte Schatz Afrika's. — Afrika Arbeitsquelle für Brasilien und Westindien. — Arbeitsvergütung. — Kauffraft des Negers. — Schema der Bedingungen unter welchen Afrika zum werthvollen Besitz wird. — Regulirung der Arbeitsgestellung, Taxation. — Ausnutzung der Kauffraft des Negers. — Localisation. — Handelsconcession. — Nochmals die Eisenbahn. — Vertragssystem. — Theorie über Arbeitsverpflichtung des Negers. — Verwendung von Truppen und Kriegsschiffen. Nützlichkeitsprinzip. — Zusammenstellung der Mittel. — Hüttentaxe. — Anwendung auf die jetzigen Verhältnisse Afrikas. — Kilimandjaro. — Kingani. — Schluß.

Wenn nun aber, wie es den Anschein hat, Afrika verhältnißmäßig wenige Rohprodukte aufzuweisen fähig, wenn die Dauer des Elfenbein-Handels auf gewisse Zeit beschränkt ist und die bisher vorgeschlagenen Methoden den bestehenden Handel zu einer Einnahmequelle für das Mutterland zu machen nicht zum Ziele führen, worin liegt denn dann der Werth der afrikanischen Besitzungen, womit soll das Mutterland seine Ausgaben und Anstrengungen, welche ihnen dieser Besitz naturgemäß kostet, belohnt sehen?

Die Antwort kann in zwei kurzen Sätzen gegeben werden, welche allerdings dem Laien nicht allzuermuthigend klingen werden, welche aber dem Kenner des Landes einen Beweis liefern werden, daß in Afrika wirklich Schätze vorhanden sind, gegen welche die ihm von Enthusiasten und Laien angedichteten Reichthümer verschwindend klein erscheinen. Afrika ist nicht ein Land von vielen und reichen Erträgen, aber von größter Ertragsfähigkeit und Afrika besitzt in seiner dichten schwarzen Bevölkerung einen Schatz an Arbeits-, also Productions- und Consumtionskraft, welcher es zu einem unschätzbaren Besitze macht.

Während zweier Jahrhunderte lieferte Afrika bis vor verhältnißmäßig kurzer Zeit die Arbeitskraft, welcher der Reichthum Brasiliens und Westindiens entsprang. Diese Arbeitskraft war damals um so einträglicher, als von dem Arbeitgeber keine Gegenleistung in Gestalt von Lohn dafür gewährt wurde. Man arbeitete damals mit Sclaven. Ist nun aber auch die Zeit der Sclaverei vorüber, so ist doch kein Grund vorhanden anzunehmen, daß mit Abschaffung der unbezahlten Arbeit die Arbeitskraft selbst verschwunden sei. Wenn nun der Europäer selbst in dem afrikanischen Klima nicht arbeiten kann, so ist der Schwarze da, welcher die Arbeit unter Oberleitung des Europäers verrichten und die Ertragsfähigkeit des Landes zur Entwickelung bringen kann, die Kultivation ist nur durch den Neger zu bewerkstelligen, daher dieser das Mittel ist, um die Rentabilität des Unternehmens herbeizuführen. Wir werden später sehen, daß er noch auf eine andere Weise, außer dadurch, daß er durch seine Arbeitskraft die Productionsfähigkeit des Landes entwickelt, dazu beitragen kann, die materielle Unabhängigkeit der Kolonie zu schaffen. Da das System der Sclaverei bei unserer Kolonisation ausgeschlossen ist, so werden wir natürlich den für uns arbeitenden Schwarzen einen ihren Leistungen entsprechenden Lohn zahlen. Lohn ist also Arbeit in andere Gestalt umgesetzt. Je mehr Lohn der Neger sich nun erwirbt, d. h. jemehr er seine physischen Kräfte gegen Lohn verwerthet, also in solchen umsetzt, desto größer wird seine Kaufkraft. Dehnen wir diesen Satz nun auf die ganze Bevölkerung aus, so ergiebt sich, daß, je mehr Neger zur Kultivation herangezogen werden, desto größer wird die Fähigkeit des Volkes zu kaufen, d. h. diejenigen Industrieerzeugnisse zu erwerben, deren Consum die Hebung von Handel und Industrie bedingen. Sorgen wir nun dafür, diese Kaufkraft so zu dirigiren, daß sie ausschließlich zum Consumenten von Industrieerzeugnissen des Mutterlandes wird, so führt sie zur wirthschaftlichen Abhängigkeit der Kolonie von jenem, erfüllt also die zweite der Bedingungen, durch welche der Besitz der Kolonie von Werth für das Mutterland wird. Die Kette ist nun geschlossen und gestaltet sich folgendermaßen. Bedingungen für den Werth der Kolonie: materielle Unabhängigkeit, wirthschaftliche Abhängigkeit, Arbeitskraft des Negers herangezogen zur Entwickelung afrikanischer Productionsfähigkeit, aus dieser entspringt materielle Unabhängigkeit. Arbeit bedingt Lohn, dieser Kauf, letzterer führt zur wirthschaftlichen Abhängigkeit, wodurch der Werth der Kolonie erwiesen ist.

Schematisch läßt sich die Aufführung etwa so darstellen.

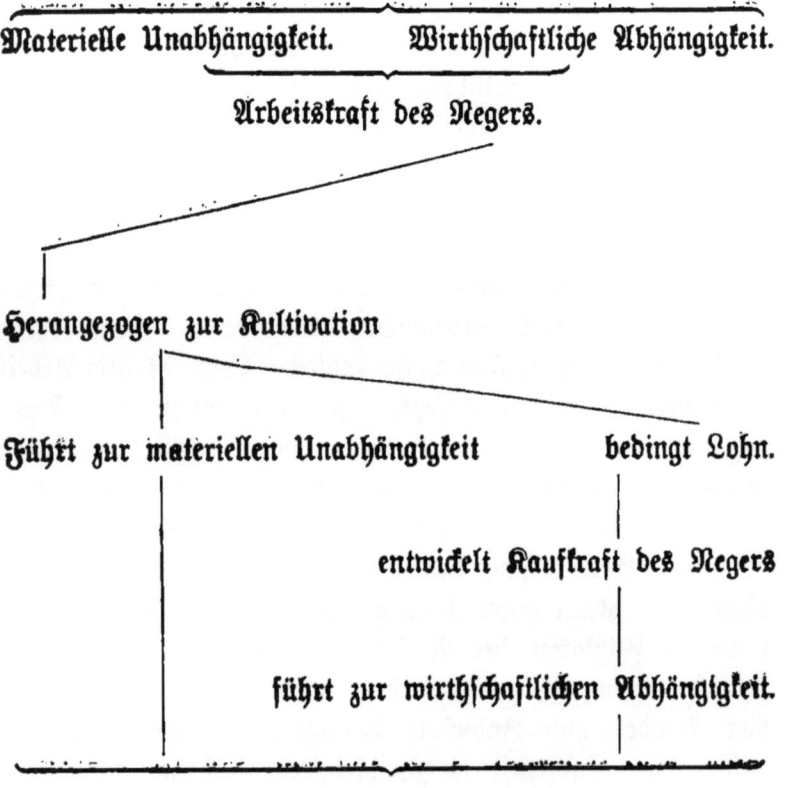

Es ergiebt sich also, daß in dem Neger, resp. seiner Arbeitskraft der größte Reichthum Afrika's zu suchen ist, ja ein Reichthum, wie ihn wol wenig andere Länder aufzuweisen haben. Wie sehr dies der Fall ist, erhellt aus einigen Punkten, welche wir hier anführen wollen. Wenn es uns gelungen sein wird, einen größeren Theil der Bevölkerung irgend einer Gegend in Afrika so unter unsere Botmäßigkeit zu bringen, daß wir ihrer Arbeit zu jeder Zeit sicher sind, so wird es uns auch möglich werden, ihre Arbeitsgestellung zu reguliren, und in ein System zu bringen. Es wird sich dann herausstellen, daß wir nicht in der Lage sein werden, alle unsere schwarzen Arbeiter zur gleichen Zeit zu beschäftigen. Es wird also ein Procentsatz derselben in den Dörfern bleiben. Diese könnten dann einer gewissen Abgabe unterworfen werden, welche, für jede im Dorf befindliche Hütte eine bestimmte Summe betragend, vom Dorfältesten an festen Terminen zu entrichten wäre. Dieses Princip wird mit großem Erfolg in Südafrika durchgeführt und die auf diese Weise erhobene Taxe bildet eine der einträglichsten Revenuen der Kolonie. Also auch auf diese Weise ist wiederum in dem Neger das Mittel zur Erreichung materieller Unabhängigkeit zu finden.

Wollen wir uns die Kaufkraft des Negers zu Nutze machen, um durch sie die wirthschaftliche Abhängigkeit der Kolonie anzustreben, so müssen wir ihm seine Arbeit vergüten, d. h. ihm Lohn für dieselbe zahlen. Das versteht sich von selbst. Indessen wird sich auch ein System der Controlle als unabweislich nothwendig herausstellen. Diese wird am bequemsten und zweckmäßigsten ausgeübt werden können, indem man die zur Arbeit herangezogenen Neger, nämlich solche, welche erklärt haben, sich den von den Europäern niedergelegten Regeln unterwerfen zu wollen, localisirt, d. h.

ihnen bestimmte Gebiete reservirt, welche von den Europäern nicht zur Kultivation benutzt werden dürfen. Hier zeigt sich nun der Vortheil des Umstandes, daß in den Gebieten, auf welche ich hingewiesen habe, keine Häuptlinge leben, sondern daß jedes Dorf für sich handeln kann. Die Bevölkerung eines solchen wird leicht zu bewegen sein, in die Locationen zu ziehen, es werden andere folgen, was schwerlich der Fall sein würde, wenn die Bevölkerung von der Laune eines Häuptlings abhängig wäre. Aus den Gebieten eines solchen fortzuziehen, führt gewöhnlich dessen Rache nach sich, so daß selbst, wenn einzelne Dörfer es innerlich wünschen sollten, doch die Furcht vor der Rache des Häuptlings davon abhalten würde. Es kommt hinzu, daß man den Häuptling gewöhnlich im Besitze starker Medizin, d. h. Zaubermittels, glaubt. Und den Aberglauben rotten wir doch heut und morgen noch nicht aus.

Für diese Gebiete ertheile man dann Handelsconcessionen an Hindoos und Banyanen, (möglichst selten an Araber) unter der Bedingung, daß sie ihre Handelsartikel nur von deutschen Firmen beziehen. Concessionsloser Concurrenten wird man sich leicht zu erwehren vermögen. Solche werden ihre Anwesenheit in den Locationen schwerlich verheimlichen können, und die concessionirten Händler werden nicht unterlassen, den Fremden den Aufenthalt in ihrem Handelsgebiet möglichst zu erschweren, abgesehen noch davon, daß sie sofort von deren Eindringen Anzeige machen werden. Die Art des Handelsbetriebes könnte dieselbe bleiben, als sie es bisher war. Es erwachsen daraus keine Kosten und für die Ertheilung der Concession müßte ebenfalls eine Taxe erhoben werden, welche ungefähr dem Werth entspricht, welchen man durch Zollerhebung einzunehmen gedenkt. Dies ist durchführbar und erreicht, wenn auch vielleicht erst später, so doch sicherer den Zweck, welchem die Zollerhebung dienen soll. In späteren

Zeiten, wenn die Kolonie sich wird genügend entwickelt haben, und größere Stämme sich unter unserer Botmäßigkeit befinden werden, wird man auch an den Bau einer Eisenbahn denken können, deren Anlage jetzt so viele Gründe widerrathen. Allerdings würde es zweckmäßig sein, dieselbe von Süden nach Norden, anstatt von Osten nach Westen anzulegen, z. B. von Nordende des Nyassa See's zum Kilimandjaro, von da bis Kavirondo am Victoria Nyanza. Dies würde den Weg bahnen zu einer Communication von den schiffbaren Theilen des Nil bis zum Zambezi und hätte den Vortheil, daß alle Caravanenstraßen, welche zur Zeit das Land von Ost nach West durchziehen, die Bahnlinie schnitten, statt ihr parallel zu laufen, wie dies geschehen würde, legte man die Bahn von der Küste bis z. B. dem Tanganika See. Nordamerika kann uns als Vorbild dienen. Sein größter Strom, der Mississippi, verdankt seinen großen Verkehr dem Umstande, daß er von Norden nach Süden fließt, daher Zonen verschiedenen Klima's mit einander verbindet. Der Amazonenstrom Südamerikas, welcher einen ebenso gewaltigen Verkehrsweg bilden könnte, ist thatsächlich fast unbenutzt im Vergleich mit seinem nordischen Bruder, aus dem einfachen Grunde, weil er seinen Lauf nur durch Gegenden gleicher Breite nimmt. Allerdings würde eine Eisenbahn vom Nordende des Nyassa bis zum Victoria Nyanza die Tropen nicht verlassen, allein, wenn die Zeit für den Bau einer afrikanischen Bahn gekommen sein wird, werden sich hoffentlich die Sudan-Verhältnisse so weit geregelt haben, daß durch den Nil eine Art Verbindung zwischen dem Victoria Nyanza und dem Mittelmeer wird hergestellt werden können, und daß dann das Herz des tropischen Afrikas mit gemäßigteren Breiten in directe Communication gebracht sein wird.

Wir haben uns überzeugt, welchen „unschätzbaren Schatz" der Neger in Afrika darstellt. Aber wir müssen ihn erst nutzbar machen, d. h. ihn zu seinem und unserem Nutzen erziehen. Wieviel Theorien sind nicht schon aufgetaucht, um die Neger zur Arbeit zu erziehen! Alle leiden an dem Umstande, daß sie uns ganz genau angeben, wie der Neger zu behandeln sei, wenn er erst einmal für uns arbeitet; aber wie man es machen soll, ihn zur Arbeit zu veranlassen, sagt Niemand. Der auf dem Gebiete kolonialpolitischer Litteratur einzig dastehende Hübbe-Schleiden schlägt ein Verfahren vor, welches er „Vertragssystem" bezeichnet. Er tritt darin der oben angeregten Frage insofern nahe, als er die „Stammherren" zur Beschaffung der Arbeiter gegen Belohnung, bestehend in einer Tantième am Ertrage der Plantagen veranlassen will. In Ostafrika dürfte das seine Schwierigkeiten haben. Solche Stämme, welche einem gemeinsamen Oberhaupt gehorchen, sind kriegerisch und würden auf keinen Fall arbeiten. Solche, welche arbeiten wollen und können, haben keine Häuptlinge, von welchen sie in irgend einer Weise beeinflußt werden könnten, jeder handelt für sich selbst und betrachtet den Dorfältesten nur als den weisesten Mann im Dorfe, ohne sich an seine sonstige Autorität im geringsten zu kehren. So vorzüglich das von Herrn Hübbe-Schleiden geschilderte Vertragssystem sonst gedacht ist, so paßt es doch mehr für eine spätere Zeit, für welche wir erst die Vorbereitungsarbeiten zu liefern haben. Sind wir indessen erst in der Lage, über die Arbeitskraft eines oder mehrerer Stämme verfügen zu können, so dürfte das Hübbe-Schleiden'sche System in Anwendung zu bringen sein.

Ich selbst habe meine Ansicht, wie der Neger zunächst nicht zu „erziehen", wohl aber zuerst zur Arbeit zu veranlassen sei — meiner Ansicht nach ist für jede gründliche „Erziehung" gründliche Arbeit vornehmste Voraussetzung — in einer Rede ausgesprochen, welche ich im September 1886 in Berlin hielt. Ich bin der Ansicht, daß mit dem Engagement von ein paar hundert Schwarzen, die sich freiwillig zur Arbeit stellen, die Aufgabe der Kolonisation, welche sich um das Centrum der Negerarbeit, als den Schwerpunkt des ganzen Unternehmens gruppirt, noch nicht gelöst ist. Erst wenn wir in größeren Länderstrecken, welche wir der Kultivirung eröffnen, den Neger nicht zum Sclaven, sondern zum besoldeten freien Arbeiter machen, haben wir das Fundament gelegt zum festen Bestehen und weiteren Gedeihen der Kolonie. (Ich habe ausgeführt, daß Sclaverei ganz gegen unser eigenes materielles Interesse ist, welches im Vordergrunde unserer Motive für Kolonisation steht). Eine nunmehr vierzehnjährige Kenntniß afrikanischer Eingeborener der verschiedensten Racen, eine genaue Beobachtung ihrer eigenen Sitten, Vorurtheile und Anschauungen von Recht und Unrecht sowol als klare Erkenntniß der Ziele, welche wir bei unserer Kolonisation verfolgen, schließlich eine reifliche Erwägung der Mittel, durch welche wir jene Ziele erreichen müssen, dictirten meine Ansichten, welche ich in der Rede aussprach, welche hier genau in ihrer damaligen Form folgt:

„Unter den Erwägungen, die bei afrikanischer Kolonisation in Frage kommen, ist die Arbeiterfrage wohl eine der hervorragend wichtigsten. Der Boden neu erworbener Länder mag noch so fruchtbar, ihre Producte noch so mannigfaltig sein, der Werth beider ist gleich Null, wenn uns die Hände fehlen, den Boden zu bebauen, die Producte zu sammeln. Der Europäer kann erwiesenermaßen in tropischen Gegenden sich den körperlichen Arbeiten nicht unterziehen, welche die Cultivation eines Landes erfordert. Indessen bietet die zahlreiche schwarze Bevölkerung Afrikas ein Arbeitsmaterial, welches in dieser Richtung den Europäer unter dessen Oberleitung vollständig ersetzt. Es handelt sich lediglich darum, 1. eine Art und Weise aufzufinden, dieses Material zur Arbeitsleistung heranzuziehen, und 2., die Sicherheit zu schaffen, daß die Arbeitsleistung keine temporäre, sondern eine dauernde sei. In Europa regelt sich das Arbeitsverhältniß nach Bedarf und Angebot, in Afrika gilt dieser Grundsatz nicht, da Bedarf bisher kaum vorhanden war und Angebot nicht existirt. Man darf sich auch nicht der Täuschung hingeben, daß wenn sich ein Neger freiwillig zur Arbeit stellt, wie es hier und da geschieht, dies als ein Angebot der Arbeit aufzufassen sei. Genügen auch diese Arbeiter wohl einmal, um die zeitweiligen Arbeiten einer kleinen Plantage zu bewältigen, so wird doch diese Arbeitslust nur so lange anhalten, als sie den Reiz der Neuheit besitzt, oder gerade lange genug, um die wenigen Meter Kalliko zu verdienen, welche das zeitweilige Bedürfniß des Negers ausmachen. Hierzu bedarf es keiner übergroßen Ausdauer, und der Reiz der Neuheit ist bald vorüber; sobald aber der Grund für seine Arbeitsleistung nicht mehr vorhanden ist, hört der Neger auf, das Angebot derselben zu machen. Es fehlt dem Neger die Grundlage für das Angebot europäischer Arbeit — der Erwerbsbetrieb. Für seinen Lebensunterhalt sorgt durch ihren Feldbau sein Weib. Abgesehen von der Arbeit, die wir für Kultivation neuer Länder gebrauchen, liegt uns auch die Pflicht ob, die rohen Einwohner derselben zu erziehen, zu civilisiren. Was man auch von dem Einfluß des guten Beispiels sagen, welchen Erfolg man von der Mission in ihrer jetzigen Art erwarten mag, der einzige wirksame Faktor der Zivilisation ist die Arbeit. Durch sie lernt der Mensch seinen Werth kennen, erlangt er das Gefühl seiner Würde, welches entspringt aus dem Bewußtsein der Nützlichkeit des eigenen Daseins. In civilisirten Ländern wird von jedem Menschen, je nach dem Grade seiner Bildung, ein gewisses Maß von Arbeit gefordert, sei es für das Wohl des Staates, für die Wissenschaft oder die Familie, ja, in den meisten Fällen beruht der Lebensunterhalt darauf. Muß aber der Europäer arbeiten, so liegt sofort die Frage nahe, warum soll es der Neger nicht. Unsere Ansichten über die Neger waren bisher ganz eigenthümlich verschrobene. Ansprüche, die man an die unteren Volksklassen der Europäer erhob, ja, als ganz naturgemäß betrachtete, verschrie man als Rohheit, wenn sie an den Neger gestellt wurden, gerade, als ob der Neger ein zu besonders zarter Behandlung berechtigtes höheres Wesen sei. Allerlei Rechte, die wir als civilisirte Völker besitzen und die wir uns durch langes Ringen danach erworben haben, sollen ohne Weiteres dem Neger vindicirt werden, der für das Verständniß und die Werthschätzung derartiger Rechte noch gar nicht die nöthige kulturelle Entwickelung aufzuweisen vermag. Man sprach von dem Neger als einem freien Mann, der über seine Handlungen mit derselben Berechtigung wie der Europäer verfügen kann. Dieses freie Verfügungsrecht über sich selbst wird aber ohne moralische Schranken zur Zügellosigkeit. Diese Anschauungen über den Neger stammen noch aus der Zeit des unseligen Humanitätsdusels, der seinen Ursprung nahm, als übertriebene Gerüchte über die Grausamkeit der Sclaverei nach England gelangten und hier eine Sympathie für den arg unterdrückten und mißhandelten schwarzen Bruder wachriefen und später zu der Aufhebung der Sclaverei führten. So berechtigt diese Sympathie in einzelnen Fällen gewesen sein mag, so hat sie doch eine Verzärtlichung des Negers zur Folge gehabt, die uns schließlich fast auf den Standpunkt brachte, den Neger überhaupt für zur Arbeit untauglich zu betrachten. Man gewöhnte sich ab, ihn zu zwingen; ohne Zwang arbeitet er schlecht, und so suchte man an seiner Stelle lieber andere Arbeiter. Ich verweise auf Süd-Afrika, welches eine dichte schwarze Bevölkerung besitzt, wo man trotzdem schon seit Jahren mit indischen Kulis arbeitet, nicht weil diese besseres Material sind, sondern weil man das vorhandene nicht zur Arbeit veranlassen kann. Jene Zeiten sind indessen verschwunden, eine gesunde Reaction beginnt sich gegenüber der damaligen superhumanen Anschauung geltend zu machen. So lange der Neger unbekannt in seiner Wildniß lebt, möge er jede Berechtigung zu seiner Lebensweise haben; diese muß aber sofort aufhören, wenn er mit dem Europäer in Berührung kommt und dieser unter der Willkür des Negers leidet. Der Kulturmensch muß die Berechtigung haben, von dem Neger analog von Kulturverhältnissen ein gewisses Maß von Arbeit verlangen zu können, und es wird diese Arbeit, gemäß seinen Fähigkeiten mechanischer Natur sein müssen. Der Neger verschwindet nicht gleich dem Indianer vor dem Contact mit dem Weißen, im Gegentheil, er besitzt eine außerordentliche Widerstandsfähigkeit. In seiner Willkür neben dem Europäer zu leben, ist unmöglich, er muß sich daher diesem assimiliren. Das umgekehrte Verhältniß ist ausgeschlossen. Gleichberechtigt mit dem Europäer kann ebenfalls der Neger nicht sein, denn unsere moralischen Rechte sind Errungenschaften uralter fortschreitender Kultur. Wenn der Neger alle Kulturphasen durchgemacht haben wird, durch welche wir uns von Pfahlbauern bis zum Kulturmenschen entwickelten, wird er wohl die Berechtigung zu moralischen Privilegien ebenfalls besitzen; sie ihm jetzt schon zu vindiciren, ist verfrüht. Alle die vorher erwähnten Gründe kann man also nicht mehr gegen eine zu instituirende Arbeitsverpflichtung des Negers einwenden. Aus einer solchen Verpflichtung würden aber für den Neger Vortheile entspringen, die dem mit afrikanischen Zuständen unbekannten Europäer nicht sogleich ins Auge fallen. An hundert Orten zu gleicher Zeit giebt es beständig sogenannten Krieg um der geringfügigsten Ursachen halber. Das heißt, größere oder kleinere Horden durchziehen sengend und brennend das Land, eine Menge Leute tödtend, keine geringe Anzahl als Sclaven mit sich führend. Obwohl die

Sclaven später eine ganz gute Behandlung erfahren, sind die Opfer an Menschenleben immer zu bedeutend, um dieses System der Arbeiterherbeiziehung zu billigen. Der Fortpflanzungs- und Schaffenstrieb der bekriegten Stämme vermindert sich, oft ziehen sie sich in unwirthsame, ungesunde Gegenden zurück, und der Stamm verkommt in physischer Beziehung. An Stelle eines kräftigen Menschenschlages tritt ein schwächliches Volk. Gegen solche Raubzüge ist das beste Mittel die Arbeitsverpflichtung. Der beschäftigte Neger kann keine Raubzüge machen. Er verlernt, Arbeit als eine Schande zu betrachten und muß arbeiten gleich dem Manne, den er sich früher zum Sclaven hielt. Mit der Einführung der Verpflichtung zur Arbeit wird also kein Eingriff weder in bestehende noch eingebildete Rechte des Negers gethan. Es handelt sich nur um den Modus der Einführung derselben. Alle Vorschläge in dieser Richtung, die auf Theorieen basiren, sind illusorisch, auch leiden sie meist an dem Umstande, daß sie darlegen, was man mit dem Neger macht, wenn er zum Arbeiter geworden ist; wie man es anfängt, seiner habhaft zu werden, wird uns nie gesagt. Wie bei dem gefrierenden Wasser zuerst ein einzelner Krystall sich bildet, an den sich dann unzählige andere anreihen, so muß auch in diesem Werke zunächst ein Nucleus geschaffen werden, um welchen spätere Operationen sich gruppiren. Dieser Nucleus kann aber nur aus einer, wenn auch noch so kleinen, jedoch organisirten Macht bestehen. Diese soll nicht dazu dienen, nach Maßgabe europäischer Begriffe von Recht und Gesetz zu richten, denn diese können nur erfolgreich angewandt werden, wo sie gekannt und anerkannt sind. Die Art und Weise der Verwendung wird im Gegentheil um so mehr Erfolg haben, je mehr sie sich den Ansichten und Gebräuchen der Eingeborenen anschließt. Schwachen, furchtsamen Stämmen imponirt die Zurschaustellung der Macht, kriegerische Stämme werden suchen, sich mit ihr zu verbinden, und es kommt lediglich auf geschickte Benutzung der Verhältnisse an, um nach kürzerer oder längerer Frist unter allen Umständen das entscheidende Wort zu sprechen, um einmal gefaßte allgemein nützliche Pläne vielleicht gegen den Willen vieler Stämme, aber mit der Hülfe von einem durchzuführen. Wir brauchen nur auf die Entwickelung der Kapkolonie zurückzugehen, um analoge Fälle zu finden, deren Studium uns meistens auf den richtigen Weg führen wird. Als im Anfang dieses Jahrhunderts die Engländer und vor ihnen die Holländer die Hottentotten nicht allein bemeistern konnten, riefen sie die eingeborenen Stämme zu Hülfe und im Zulukriege rief man die Bassutos des Oranje-Freistaates auf, sich an dem Feldzuge gegen entsprechende Entschädigung an Land und Vieh zu betheiligen. In beiden Fällen war die Maßregel erfolgreich, und derartige Beispiele weist die Geschichtskunde Afrikas eine Menge auf. Dieses Verfahren läßt sich auf centralafrikanische Verhältnisse übertragen. Mit einer kleinen, aber zuverlässigen Truppe etablirt man sich an dem Ort, den man für kolonisatorisches Vorgehen ausersehen hat. Mit den Häuptlingen des Stammes, unter dem man lebt, trifft man zunächst das Abkommen, daß er seine Hörigen zur Arbeitsleistung stellt, zu denen bald ein Theil der männlichen Bevölkerung des Landes herbeigezogen wird. Eine rechtzeitige Zurschaustellung der bewaffneten Macht kann diese Maßregel zur Durchführung bringen ohne jeden thatsächlichen Zwang, d. h. Anwendung von Gewalt. Der Neger, der sich in Alles findet, was eben thatsächlich unvermeidlich ist, wird kaum einer solchen Maßregel Widerstand entgegensetzen, namentlich wenn er sieht, daß man keineswegs Sclaverei beabsichtigt, sondern ihn nach Ablauf der festgesetzten Arbeitsfrist belohnt und die Freiheit wiedergiebt. Dieses Verfahren genügt, um in kleinen Distrikten die Einwohner zur Arbeit zu zwingen. Um aber ganze Volksstämme zur Arbeit heranzuziehen, bedürfen die Mittel einer ausgedehnteren Anwendung, und werden abermals den größten Erfolg erzielen, wenn sie den Gebräuchen der Eingeborenen sich anschließen. Ueberall finden sich kriegerische Stämme, deren kriegerischer Sinn sich dadurch kund thut, daß sie in der Weise, wie ich es vorhin schon beschrieb, ihre schwächeren Nachbarn befehden. So unzulässig diese Raubzüge aus Anlaß einer kleinen Viehheerde oder ein paar Maiskolben sind, so können sie doch, geschickt ausgenutzt, zu einem wesentlichen Hülfsmittel in unserem civilisatorischen Programm gemacht werden. Bei einiger Geschicklichkeit im Umgang mit Negern kann es nicht schwer halten, den Häuptling eines solchen kriegerischen Stammes zum Verbündeten zu gewinnen. Er und sein Volk werden von der allgemeinen Arbeitsleistung dispensirt, übernehmen jedoch die Verpflichtung, andere Stämme, die bei der Stellung von Arbeitern sich saumselig erweisen, und das werden gewöhnlich die friedlichen sein, die familienweise, ohne allgemeines Oberhaupt leben, nöthigenfalls mit bewaffneter Hand dazu zu veranlassen. Ein solch kriegerisches Volk wird in dieser Maßnahme nur die Möglichkeit erblicken, mit größerer Unbeschränktheit seinen Räubereien obliegen zu können, namentlich da sie die Weißen, welche sie im Besitz starker Kriegsmedizin glauben, als ihre Verbündeten betrachten. Wir aber wissen, daß ihre rohe Gewalt nur dem höheren Endzwecke allgemeiner Civilisation dienen soll. Die friedlichen Stämme dagegen werden lieber dem Verlangen des Weißen sich unterwerfen, als von einem feindlichen Negerstamm, dessen Grausamkeit sie aus Erfahrung kennen, getödtet, ausgeplündert oder in Sclaverei geschleppt zu werden. Bei einer geschickten Handhabung der Fäden würde die Ausübung einer wirklichen Gewaltmaßregel niemals nöthig werden. Auch in noch anderer Weise kann ein derartig kriegerischer

Stamm Verwendung finden. Wir können uns aus ihm eine Kolonialmacht heranziehen, denn nicht aktiv darf ein wildes Volk in eine civilisatorische Aufgabe eingreifen, ohne zugleich passiv einem Kulturproceß unterworfen zu werden. Von einem kriegerischen Stamm werden jährlich eine Anzahl kräftiger Leute in die Reihen unserer immer noch vorhandenen kleinen Truppe eingefügt und es wird ihnen vor Allem die Nothwendigkeit des Gehorsams gelehrt. Diese Leute werden so lange geübt, bis sie im Stande sind, die ursprünglich als Truppen gebrauchten Leute zu ersetzen, worauf deren doch immer Kosten beanspruchender Unterhalt in Wegfall kommt. Daß dieser Zeitpunkt kein sehr naher ist, liegt auf der Hand; allein ihn herbeizuführen liegt durchaus im Bereiche der Möglichkeit. Vielleicht befindet sich unter meinen Zuhörern einer oder der andere, der zur Zeit des Zulukrieges sich in Süd=Afrika befand; er wolle sich dann nur die Haltung der bewaffneten Bassutos ins Gedächtniß zurückrufen. Eine für unsere Zwecke brauchbarere Truppe ließe sich kaum wünschen. — Dies ist das erste Stadium unserer Aufgabe. Es besteht darin, den vor der Hand gänzlich zügellosen und ungreifbaren Neger zur Arbeit überhaupt zu veranlassen. Denn ehe wir ihn erziehen können, müssen wir seiner erst habhaft werden, und das ist nur möglich durch eine wirkliche, niemals in Zweifel gezogene Autorität, durch welche zunächst die Oberhäupter der Stämme veranlaßt werden, sich, wenn auch ohne ihr Wissen, an der Arbeit der Civilisation zu betheiligen. — Wir treten nun in das zweite Stadium unserer Aufgabe: das ist die thatsächliche Erziehung des Negers. Hierzu genügen nicht temporaire Maßnahmen, sie ist nur durch Einführung dauernder Institutionen möglich. Die Erziehung zur Arbeit bedeutet ja nicht, die Veranlassung zur Ausübung der Arbeit zu geben, sondern befaßt sich mit der Modellirung des Geistes, in welchem der Drang zur

Arbeit, um der Arbeit selbst willen, geschaffen werden soll. Wir täuschen uns, wenn wir glauben, daß wir in jetzt lebenden Generationen von Negern diesen Drang hervorrufen können. Wir können die Neger in einen Zustand der Arbeits= verpflichtung versetzen, müssen aber bei der Erziehung zur Arbeit unser Augenmerk auf kommende Generationen richten. Ebenso wie unter civilisirten Völkern wird auch unter wilden das Kind zunächst von der Mutter erzogen. Die Behand= lung des Weibes verdient also in unserem Erziehungsprogramm ganz besondere Berücksichtigung. Und gelingt es, die Weiber in dieses Programm hineinzuziehen, so werden zukünftige Generationen bereits viel leichter zu behandeln sein, als die jetzige. Ich glaube nicht, daß man auf große Schwierig= keiten stoßen würde, zöge man auch einen Theil der weib= lichen Bevölkerung eines Landes zur Arbeit heran. Unter den Stämmen lastet die Hauptarbeit so wie so auf dem Weibe, wodurch ihre Tauglichkeit erwiesen wird. Außerdem wird zunächst in dem Neger nur der Gedanke sich an diese Maßregel knüpfen, daß für jedes arbeitende Weib ein Mann weniger zu arbeiten haben würde. Bei der Erziehung zur Arbeit muß auch der Modus der Arbeitsvertheilung berück= sichtigt werden. Hier kann man abermals Vorhandenes unter Modifikation nach vorliegenden Verhältnissen zur Einführung bringen. Am zweckmäßigsten dürfte sich eine rotirende Ge= stellung erweisen, derart, daß ein Procentsatz der Bevölkerung zu einer vielleicht zweijährigen Arbeit herbeigezogen würde. Nach Ablauf eines Jahres zöge man dieselbe Anzahl Leute herbei, die nunmehr von ihren eigenen schon etwas an= gelernten Stammesgenossen unterwiesen würden. Jeder, der Gelegenheit gehabt hat, mit Negern zu arbeiten, weiß, wie stolz der Neger auf jede kleine, vom Weißen erlernte Kunst= fertigkeit ist und wie gern er sich seinen weniger bevorzugten Kameraden gegenüber damit brüstet. Diese Bewegung rotirt, bis nach Ablauf einer bestimmten Zeitperiode die schon einmal in Arbeit gewesene Abtheilung an die Reihe kommt. Durch dieses Verfahren wird der Neger die Ueberzeugung erlangen, daß man ihn nicht als Sclaven betrachtet; das Weib wird an der Arbeit theilnehmen und das Kind instinktiv sie als etwas zum Leben unvermeidlich Dazugehöriges betrachten lernen. Noch ein anderes Hülfsmittel steht uns zu Gebote, den Neger zu erziehen: man legt ihm die Pflicht des Erwerbes auf. Nachdem man durch direkte Anwendung der zu Gebote stehenden Macht sich in den Stand gesetzt glaubt, Maßregeln wie die zu erwähnende durchzuführen, zieht man die über weite Gebiete zerstreut lebenden Leute auf kleinere Kreise zusammen. Man weist ihnen Lokationen an. Hierdurch wird die Aufsicht über die Neger erleichtert und eine bessere Controlle ermöglicht, in wie weit sie sich der Erwerbspflicht zu entziehen oder ihr nachzukommen suchen. Diese besteht darin, daß man ihnen eine Kopfsteuer auferlegt. Jeder erwachsene Neger hat eine jährliche Abgabe von bestimmter Höhe zu entrichten. Um den Betrag zu erwerben wird der Neger seine Arbeit zu Markte tragen müssen, die wiederum nur von den Weißen bedurft wird. Schon frühzeitig entsteht hierdurch in dem jungen Neger das Gefühl der Schuldverpflichtung, und man muß erlebt haben, wie ängstlich sich der Neger auf den wichtigen Tag der Steuerzahlung vorbereitet, um die Wichtigkeit dieser Maßregel vollkommen würdigen zu können. Ist erst der Zeitpunkt herbeigekommen, daß selbstständige Farmer sich in den Kolonieen niedergelassen haben, so kann man ferner das Verfahren einschlagen, daß jeder je nach der Größe seines Grundbesitzes, eine Anzahl Familien Eingeborener zugewiesen bekommt, die auf seinem Lande wohnen und nach privater Uebereinkunft zu einer bestimmten jährlichen Arbeitsleistung zu festgesetztem Lohne sich verpflichten. Entbände man die so wohnenden Leute von der Kopfsteuer, so würden sie mit Vergnügen ihren Wohnsitz auf privatem Grundbesitz aufschlagen und die Farmer niemals an Arbeitsmangel leiden. Man könnte an Stelle dieses Verfahrens auch eine Verwaltung einsetzen, an welche die arbeitsbedürftigen Farmer sich zu wenden hätten und welche ihn mit aus der Lokation entnommenen Arbeitern versähe. Hierdurch würde vielleicht eine größere Controlle über die Arbeiter ausgeübt, allein eine Kosten beanspruchende Verwaltung träte an Stelle des einfacheren Verfahrens. Nicht mit Theorieen und Phrasen löst man die vorliegende Aufgabe, sondern mit thätigem energischen Eingriff. Deswegen habe ich mich nicht weitläufig darüber verbreitet, daß der Neger zur Arbeit gezwungen werden muß, sondern ich habe gezeigt, wie es geschehen kann. Daß man dabei nicht mit den weichen Mitteln von Ueberredung und Beispiel zu Werke gehen kann, ist klar, es bedarf kräftiger Beilhiebe, ehe der vollkommen rohe Klotz eine Gestalt bekommt, der ihr letztes Gepräge mit der Feile gegeben wird. Ueberlassen wir die Anschauungen von Würde und Freiheit des Negers dem englischen Philanthropen, und wie wir uns politisch zur Macht aufgeschwungen haben, emanzipiren wir auch unser Urtheil von dem Einfluß der Anschauungen fremder Völker und lösen wir auf spezifisch deutsche Art die vorliegende Frage. Die Mittel dazu sind eine Benutzung der thatsächlich obwaltenden Umstände und Ausübung einer niemals zu bezweifelnden Autorität. Wenn wir mit weiser Mäßigung, am richtigen Ort, aber mit unerbittlicher Konsequenz unsere Macht ausüben, so liegt kein Grund vor, warum nicht auch der Neger zum brauchbaren Arbeiter erzogen werden könne, wenn auch erst unsere Enkel die Früchte ernten, deren Samen wir ausgestreut." —

Ich bin weit davon entfernt zu rathen, daß man einen kriegerischen Stamm benutze, um unter friedlichen, ohne Oberhäupter lebenden Stämmen Blutbäder anzurichten und den überlebenden Rest als Sclaven wegzuführen. Ich bin aber der Ansicht, daß eine allgemeine Arbeitsverpflichtung der Eingeborenen eines ganzen Districtes nicht ohne einen äußeren Zwang durchzuführen ist. Selbst wenn wir auf dem Wege des Vertrages mit einzelnen Häuptlingen das Ziel erreichen könnten, so würde doch der Häuptling nur im Stande sein, seine Unterthanen zur Arbeitsgestellung zu veranlassen, indem er einen gewissen Druck auf sie ausübt. Wie dies geschieht, wird Niemandem, der Neger und ihre Weise kennt, zweifelhaft sein. Nun sind aber keine Häuptlinge vorhanden, durch deren Einfluß wir eine allgemeine Arbeitsgestellung herbeiführen könnten, folglich muß der Zwang auf andere Weise ausgeübt werden. Truppen zu halten seitens des Mutterlandes oder seitens der Kolonie, dürfte ein etwas kostspieliges Unternehmen sein, ganz abgesehen davon, daß ihnen die Beweglichkeit fehlt und fehlen muß, welche durchaus erforderlich ist, um erfolgreich am bestimmten Punkt zur richtigen Zeit einzugreifen. Die Benutzung kriegerischer Stämme würde nur ganz minimale Kosten verursachen und ihr thatkräftiges Eingreifen äußerst selten nöthig sein. Wissen die Eingeborenen erst, daß sie vor Einfällen von Raubhorden vollkommen sicher sind, sobald sie sich in die von den Europäern ihnen angewiesenen Districte begeben haben und jährlich ein bestimmtes Quantum Arbeit leisten, wissen sie auch, daß diese gefürchteten Kriegszüge jeden Augenblick zu ihrer Bestrafung veranlaßt werden können, so werden sie ohne Zögern unter unseren Schutz sich begeben, uns ihre Arbeitskräfte gegen Lohn zur Verfügung stellen, sich in unseren „Lokationen" ansiedeln und uns damit die Möglichkeit gewähren, durch sie den Grund zum Bestehen und Gedeihen unserer Colonie zu legen. Alsdann kann sich Hand in Hand mit dieser Arbeit die Geisteskultur der Schwarzen in Frieden vollziehen.

Ich weise auf das hin, was ich früher über Verwendung unserer Kriegsschiffe sagte. Solange Neger unweit der Küste leben, sind sie durch unsere Flotte leicht zu bestrafen, wir können aber mit unseren Kolonisationsversuchen uns nicht lediglich auf die Küste beschränken, wenn wir überhaupt mehr beabsichtigen, als nur ein paar Plantagen anzulegen. Wie sollen aber ungehorsame Schwarze im Innern zur Rechenschaft gezogen werden? Dies ist ohne Truppen unmöglich. Was gegen deren Unterhalt spricht, habe ich schon angeführt und ich glaube, daß die Verwendung kriegerischer Stämme billiger, praktischer und erfolgreicher sein würde als jede andere Methode, ohne in irgend welcher Weise grausamer zu sein als das Bombardement eines Dorfes durch ein Kriegsschiff. Allerdings würde diese That eine durchgreifende Bestrafung sein, indessen doch niemals etwas anderes als Flucht der Eingeborenen in unerreichbare Gegenden bewirken. Es wäre dies ein geringerer Erfolg im Vergleich zu den Kosten, welche aus der Verwendung eines Kriegsschiffes entspringen. Flucht in unerreichbare Gegenden würde bei Verwendung kriegerischer Stämme nutzlos sein, denn wo ein Stamm hinkommt, kann der andere folgen, die einzige mögliche Flucht ist die in das kriegsfreie Gebiet, unter den Schutz der Europäer. Unser Zweck ist dann erreicht und unsere Aufgabe wird es nun sein, das kriegsfreie Gebiet, nämlich die Location, auch wirklich frei zu halten. Mit Geschick und einigen gut angebrachten Geschenken ist dies indessen nicht schwer und die Vortheile, welche uns aus den Locationen erwachsen, werden tausendfach die Summen einbringen, welche für ihre Errichtung ausgegeben waren.

Ich könnte noch eine Menge Gründe zur Rechtfertigung des Arbeitszwanges anführen, ziehe aber vor, mich lediglich auf den Standpunkt des Nützlichkeitsprincipes zu stellen. Nicht in erster Linie humanitäre Bestrebungen, sondern der

Wunsch, die Kolonie materiell gewinnbringend zu machen, ist die Veranlassung, warum wir unsere Kräfte in Afrika zu entfalten trachten. Daß aber durch dieses Bestreben die Befolgung edler wahrer Menschlichkeit entstammender Zwecke ausgeschlossen sein soll, wie hier und da in Angriffen auf mich behauptet worden, kann ich nur als unverständige, wenn nicht auf Böswilligkeit beruhende Unterstellung bezeichnen. Daß es unsere Pflicht ist, die Schwarzen zu nützlichen Gliedern der Menschheit zu gestalten, ist offenbar, daß es dieser Wunsch, das Bewußtsein dieser Pflicht in erster Linie war, welcher uns zu Kolonisation veranlaßt, wird wol auch der kühnste Philanthrop nicht behaupten wollen. Ich habe versucht, beiden Aufgaben gerecht zu werden: Uns selbst den größtmöglichen Vortheil zuzuwenden und zu gleicher Zeit die Kräfte des Schwarzen so zu verwenden, daß sie auch seinen eigenen Vortheil, d. h. seine Civilisation herbeiführen müssen. Diese Umwandlung kann nur durch Arbeit vor sich gehen, daher muß der Schwarze gezwungen werden, zu arbeiten zu seinem und unserem Besten. Ich betone hier noch einmal und zum letzten Male, daß mich die Einwendungen derer, welche unausgesetzt die Worte: Milde, Freiheit, Humanität im Munde führen, nicht berühren können. Nirgends und nie habe ich Sclaverei, wie mir untergeschoben worden, oder Grausamkeit gepredigt. In den langen Jahren meines wahrhaft arbeitsamen, mühevollen und an Entbehrungen überreichen Lebens mitten unter den Schwarzen habe ich diese schätzen und lieben gelernt. Mir selbst haben sie, wenn sie erst mit mir bekannt waren, die Vertraulichkeit von Kindern gezeigt. Dies erkläre ich mir nur daraus, weil ich im Prinzipe streng, im Einzelnen stets mild war und allezeit mich bemüht habe, gerecht zu sein. So werde ich es allezeit halten. Aber ich habe den Muth als Princip Ernst und Strenge aufzustellen: ὁ μὴ δαρεὶς ἄνθρωπος οὐ παιδεύεται.

Es wäre mir lieb, wenn dieses Bekenntniß mich fürderhin von den so billigen Vorwürfen des Mangels an Humanität schützen sollte. Anderenfalls möchte ich diejenigen Herren Kritiker, welche bei denselben zu beharren belieben sollten, freundlichst bitten, „im Interesse der Humanität" ihren weiteren Vorwürfen wenigstens das obige Bekenntniß zur Seite zu drucken, damit der gerechte Leser sich selbst sein Urtheil zu bilden vermöge. Ich werde — fern von der deutschen Heimath — nicht in der Lage sein, mich gegen jeden einzelnen derartigen Vorwurf selbst zu vertheidigen, um solche Auslegungen richtig zu stellen.

Ich habe am Ende des ersten Abschnittes meiner Schrift die Ziele zusammengefaßt, welche wir anstreben müssen, um erfolgreich zu kolonisiren. Hier will ich die Mittel noch einmal nebeneinander stellen, durch welche jene Ziele erreicht werden können und deren Auseinandersetzung der Gegenstand der übrigen Abschnitte dieser Schrift war.

Der Schwerpunkt unseres ganzen Unternehmens liegt in der Arbeitskraft des Negers, es ist daher unser dringendstes Bedürfniß, jeder Zeit über diese verfügen zu können.

Wir müssen daher:

I. einen Zustand herstellen, in welchem es möglich ist, jederzeit der Arbeitskraft des Negers gegen entsprechenden Lohn gewärtig zu sein.

Um dies zu erreichen, müssen wir Mittel anwenden welche, ohne unverhältnißmäßige Kosten zu verursachen und ohne hart zu sein, doch den Zweck voll und ganz erreichen. Dies kann geschehen indem wir:

II. mit Stämmen, welche wegen ihrer Kriegstüchtigkeit in Ansehen stehen, in Verbindung treten und uns auf den Fall sonst nicht mit Erfolg zu bekämpfender dauernder Widersetzlichkeit ihrer Hülfe versichern. Selbstredend bedarf es der Controle des Eingeborenen. Diese ist nur möglich, wenn wir seinen Aufenthalt kennen. Wir müssen ihm einen solchen anweisen, wo er bei voller Sicherheit vor dem willkürlichen Ueberfall anderer Stämme unter unseren Augen sich befindet, zwar seinem eigenen Feldbau nach Gewohnheit obliegen, sich aber unserer Oberaufsicht nicht entziehen kann. Wir müssen also:

III. ein kriegsfreies Gebiet schaffen, in welchem wir solche Dörfer, welche sich unseren Maßnahmen unterwerfen, ansiedeln, mit einem Wort, wir müssen unsere Arbeitsstämme localisiren. Der Lohn, welchen der arbeitende Neger alsdann erhält, wird ihn in die Lage setzen, zum Consumenten mutterländischer Industrieerzeugnisse zu werden und sein Verdienst wird es ihm außerdem möglich machen, während solcher Zeiten, in welchem seiner Arbeit nicht bedurft wird, eine Abgabe an die Verwaltung der Kolonie zu entrichten. Wir müssen daher:

IV. Handelsconcessionen für unsere Locationen gegen Concessionsgebühren ertheilen unter der Bedingung, daß nur Handelsartikel deutschen Ursprungs eingeführt werden dürfen, concessionslose Eindringlinge aus unseren Locationen entfernen und den sich nicht in Arbeit befindlichen Schwarzen eine an die Verwaltung der Kolonie zu zahlende Abgabe auferlegen.

Hieraus ergiebt sich die Verwirklichung dessen, was ich über materielle Unabhängigkeit der Kolonie sagte. Durch die Taxe, welcher jeder Dorfälteste für jede Hütte seines Dorfes zahlen muß, ergeben sich beträchtliche Einkünfte für die Kolonie, welche natürlich in hohem Maaße dazu beitragen, die materielle Unabhängigkeit desselben zu sichern. In meiner vorn abgedruckten Rede spreche ich allerdings von einer Kopftaxe. Ich that dies indessen nur, um damals die Idee der Taxe zu geben und um die Auseindersetzung der Nothwendigkeit der Hüttentaxe zu vermeiden. Die Controlle dieser ist leichter auszuüben als die der Kopftaxe, da Hütten nicht nach Belieben verlegt und verborgen, der Controlle also immer leichter unterworfen werden können. Durch die Handelsconcessionen lenken wir die Consumtionskraft des Negers ausschließlich auf deutsche Erzeugnisse, gelangen also zur wirthschaftlichen Abhängigkeit, während die Concessionsgebühren wieder den Einnahmen der Kolonie zufließen. Meine Vorschläge noch weiter auf Einzelheiten auszudehnen würde keinen Zweck haben und nur für denjenigen von Interesse sein können, der das Gebiet genau kennt, in welchem die Vorschläge Anwendung finden sollen. Der Zweck dieser Schrift ist, ein System zu bieten, in dessen Befolgung eine Kolonie in Deutsch=Ost=Afrika sich entwickeln kann.

Mir bleibt, um meine Schrift nicht ungebührlich auszudehnen, nur noch eins, d. h. die Anwendung meiner Vorschläge auf den jetzigen Stand des ostafrikanischen Unternehmens zu erörtern. Augenblicklich befindet sich dieses auf zwei Basen. Diese sind die Kingani= und Kilimandjaro=Linie. Ich habe schon dargethan, daß ein convergirendes System der Kolonisation unzweckmäßig, weil theuer, ist, ferner würden aus diesen Systemen convergirende Linien sich in der gesundheitschädlichen Makata=Ebene oder in ihrer Nähe treffen. Mein Vorschlag würde der sein, die Arbeiten in der Richtung des Kilimandjaro möglichst wenig auszudehnen und sie hauptsächlich auf Handel zu beschränken, welchem hier durch das noch ziemlich unzugängliche Gebiet der Massais manche Aussicht auf Erfolg geboten wird. Nebenbei kann in den höher gelegenen Gegenden Viehzucht getrieben werden, um Zanzibar und die Küstenstationen mit Schlachtvieh zu versehen. Auch müssen Untersuchungen angestellt werden, warum das Kilimandjaro Vieh in anderen Gegenden nicht gedeiht sondern bald stirbt, wenn es seinen Weideplatz verlassen hat. Die Aufklärung dieses Umstandes und seine Abhülfe werden das ganze Kilimandjarogebiet mit einem Schlage besser eröffnen als alle anderen Unternehmen, da man im Stande sein wird, Ochsenwagenverkehr herzustellen.

Die Basis entlang dem Kingani sollte dagegen erweitert werden, bis sie den Rufidji erreicht. In dem Dreieck, welches dann vom Rufidji-Kingani und der See eingeschlossen wird, befinden sich sehr schöne Theile der Landschaft Usaramo, welche die Bebauung wol lohnen dürften. Außerdem ist hier der Hafen Dar es Salaam als auch die alte Mac Kinnon Straße, welche möglicher Weise noch verwerthet werden kann. Eingeborene sind ebenfalls vorhanden, man sollte versuchen, über sie so [viel Einfluß zu gewinnen, daß sie sich auf Verlangen zur Arbeit stellen, und könnte dies eventuell dadurch erreichen, oder doch anbahnen, daß man die Furcht, welche die Wazaramo vor den Mafiti haben, in geschickter Weise verwerthet. Furcht und Liebe, — Furcht vor den Mafiti, und Liebe zu den Europäern als den natürlichen Beschützern, — sind zwei Factoren, welche von jeher in der Erziehung die Hauptrolle gespielt haben. Schwerlich werden sie ihre Wirkung an unseren großen schwarzen Kindern verfehlen.

Das Geschick hat nicht gewollt, daß ich selbst weiter an deren Erziehung mitarbeite. Wo das meinige mich aber auch hinversetze, niemals kann es das Interesse verwischen, welches mir das Land und Volk einflößt, in und unter welchem ich nunmehr viele Jahre meines Lebens zugebracht, welches ich selbst geholfen habe, dem Besitze meiner Nation, meinem Vaterlande zuzufügen. Dieses Interesse und der Wunsch Land und Volk zu einem werthvollen Besitze Deutschlands zu gestalten, bewegt mich, obige Vorschläge bezüglich seiner Verwerthung der Oeffentlichkeit zu übergeben. Diesem Interesse, unauslöschlich so lange ich lebe, entspringt auch der Wunsch, mit welchem ich diese Schrift schließe: Mögen meine Vorschläge das Richtige getroffen haben und mögen sie bald in Ostafrika zur Geltung kommen, um dieses zu einer blühenden Kolonie, einem werthvollen Edelstein im Besitz des deutschen Reiches zu bilden, und möge die junge deutsche Linde, welche auch meine Hand mit in wärmere Zonen gepflanzt, möge sie auch in tropischer Erde grünen und blühen!